中国社会科学院国情调研特大项目"精准扶贫精准脱贫百村调研"

精准扶贫精准脱贫百村调研丛书

CASE STUDIES OF TARGETED POVERTY REDUCTION AND
ALLEVIATION IN 100 VILLAGES

李培林／主编

精准扶贫精准脱贫
百村调研·初化村卷

政策协同助力石漠化乡村脱贫

崔红志　刘亚辉　黄乃鑫／著

社会科学文献出版社
SOCIAL SCIENCES ACADEMIC PRESS (CHINA)

中国社会科学院国情调研特大项目
"精准扶贫精准脱贫百村调研"
项目协调办公室

主　任：王子豪
成　员：檀学文　刁鹏飞　闫　珺　田　甜　曲海燕

总　序

　　调查研究是党的优良传统和作风。在党中央领导下，中国社会科学院一贯秉持理论联系实际的学风，并具有开展国情调研的深厚传统。1988 年，中国社会科学院与全国社会科学界一起开展了百县市经济社会调查，并被列为"七五"和"八五"国家哲学社会科学重点课题，出版了《中国国情丛书——百县市经济社会调查》。1998 年，国情调研视野从中观走向微观，由国家社科基金批准百村经济社会调查"九五"重点项目，出版了《中国国情丛书——百村经济社会调查》。2006 年，中国社会科学院全面启动国情调研工作，先后组织实施了 1000 余项国情调研项目，与地方合作设立院级国情调研基地 12 个、所级国情调研基地 59 个。国情调研很好地践行了理论联系实际、实践是检验真理的唯一标准的马克思主义认识论和学风，为发挥中国社会科学院思想库和智囊团作用做出了重要贡献。

　　党的十八大以来，在全面建成小康社会目标指引下，中央提出了到 2020 年实现我国现行标准下农村贫困人口脱贫、贫困县全部"摘帽"、解决区域性整体贫困的脱贫攻坚目标。中国的减贫成就举世瞩目，如此宏大的脱贫目标世所罕见。到 2020 年实现全面精准脱贫是党的十九大提出的三大攻坚战之一，是重大的社会目标和政治任务，中国的贫困地区在此期间也将发生翻天覆地的变化，而变化的过程注定不会一帆风顺或云淡风轻。记录这个伟大的过程，总结解决这个世界性难题的经验，为完成这个攻坚战献计献策，是社会科学工作者应有的责任担当。

2016 年，中国社会科学院根据中央做出的"打赢脱贫攻坚战"战略部署，决定设立"精准扶贫精准脱贫百村调研"国情调研特大项目，集中优势人力、物力，以精准扶贫为主题，集中两年时间，开展贫困村百村调研。"精准扶贫精准脱贫百村调研"是中国社会科学院国情调研重大工程，有统一的样本村选择标准和广泛的地域分布，有明确的调研目标和统一的调研进度安排。调研的 104 个样本村，西部、中部和东部地区的比例分别为 57%、27% 和 16%，对民族地区、边境地区、片区、深度贫困地区都有专门的考虑，有望对全国贫困村有基本的代表性，对当前中国农村贫困状况和减贫、发展状况有一个横断面式的全景展示。

在以习近平同志为核心的党中央坚强领导下，党的十八大以来的中国特色社会主义实践引导中国进入中国特色社会主义新时代，我国经济社会格局正在发生深刻变化，脱贫攻坚行动顺利推进，每年实现贫困人口脱贫 1000 多万人，贫困人口从 2012 年的 9899 万人减少到 2017 年的 3046 万人，在较短时间内实现了贫困村面貌的巨大改观。中国社会科学院组建了一百支调研团队，动员了不少于 500 名科研人员的调研队伍，付出了不少于 3000 个工作日，用脚步、笔尖和镜头记录了百余个贫困村在近年来发生的巨大变化。

根据规划，每个贫困村子课题组不仅要为总课题组提供数据，还要撰写和出版村庄调研报告，这就是呈现在读者面前的"精准扶贫精准脱贫百村调研丛书"。为了达到了解国情的基本目的，总课题组拟定了调研提纲和问卷，要求各村调研都要执行基本的"规定动作"和因村而异的"自选动作"，了解和写出每个村的特色，写出脱贫路上的风采以及荆棘！对每部报告我们都组织了专家评审，由作者根据修改意见进行修改，直到达到出版要求。我们希望，这套丛书的出版能为脱贫攻坚大业写下浓重的一笔。

中共十九大的胜利召开，确立习近平新时代中国特色社会主义思想作为各项工作的指导思想，宣告中国特色社会主义进入新时代，中央做出了社会主要矛盾转化的重大判断。从现在起到 2020 年，既是全面建成小康社会的决胜期，也是迈向第二个百年奋斗目标的历史交会期。在此期间，国家强调坚决打好防范化解重大风险、精准脱贫、污染防治三大攻坚战。2018 年春节前夕，习近平总书记到深度贫困的四川凉山地区考察，就打好精准脱贫攻坚战提出八条要求，并通过脱贫攻坚三年行动计划加以推进。与此同时，为应对我国乡村发展不平衡不充分尤其突出的问题，国家适时启动了乡村振兴战略，要求到 2020 年乡村振兴取得重要进展，做好实施乡村振兴战略与打好精准脱贫攻坚战的有机衔接。通过调研，我们也发现，很多地方已经在实际工作中将脱贫攻坚与美丽乡村建设、城乡发展一体化结合在一起开展。可以预见，贫困地区的脱贫攻坚将不再只局限于贫困户脱贫，我们有充分的信心从贫困村发展看到乡村振兴的曙光和未来。

是为序！

全国人民代表大会社会建设委员会副主任委员

中国社会科学院副院长、学部委员

2018 年 10 月

前　言

　　为及时了解和展示中国当前处于脱贫攻坚战最前沿的贫困村的贫困状况、脱贫动态和社会经济发展趋势，从村庄脱贫实践中总结当前精准扶贫和精准脱贫的经验教训，为进一步的精准脱贫事业提供经验和政策借鉴，2016 年中国社会科学院组织实施"精准扶贫精准脱贫百村调研"国情调研特大项目。该项目在全国范围内选取兼具代表性和典型性的 100 个贫困村开展村庄调研，其中包括一定比例的自 2010 年以来已经脱贫的村庄。村庄调研的主要内容包括村庄基本状况，贫困状况及其演变、贫困的成因，减贫历程和成效，脱贫发展思路，以及在调研过程中结合村庄特点开展的专题性研究等。

　　在《中国农村扶贫开发纲要（2011—2020 年）》中，我国按照"集中连片、突出重点、全国统筹、区划完整"的原则，以 2007~2009 年 3 年的人均县域国内生产总值、人均县域财政一般预算收入、县域农民人均纯收入等与贫困程度高度相关的指标为基本依据，确定了 14 个"连片特困地区"共 680 个县作为新阶段扶贫攻坚的主战场。其中，滇桂黔石漠化集中连片贫困地区地跨贵州、广西、云南三个省份共91个县（市、区），集民族地区、革命老区和边境地区于一体，是我国新一轮扶贫攻坚战场中少数民族人口最多的片区。滇桂黔石漠化区是我国石漠化最严重的地区，处于西南石漠化分布的中心地带，是当前贫困面最广、贫困程度最深、贫困发生率最高的岩溶石漠化地区。区内贫困人口基本上是居住在高山区、深山区和石漠化生态脆弱区，这些地区土壤贫瘠，水土流失严重，导致区内耕地资源奇缺，生态环境和生存环境恶化。

百色市凌云县位于广西壮族自治区西北部，是国家扶贫工作重点县、少数民族聚集山区，石漠化问题严重，贫困面广、贫困程度深，县域经济和产业基础薄弱，资源就地转化程度低，同时基础设施和社会事业发展滞后，农民生产生活条件恶劣，因此可作为滇桂黔石漠化集中连片贫困地区的县级代表。本子课题选择凌云县伶站瑶族乡的初化村作为滇桂黔石漠化集中连片贫困地区的代表，通过分析村庄的贫困状况、脱贫历程，以及精准扶贫中存在的问题，以期为我国当前的扶贫攻坚工作提供决策参考。

初化村子课题组由崔红志研究员带队，于2017年3月18~23日直接前往凌云县初化村开展第一次驻村调研工作，在初化村第一书记的配合下开展第一次走访调查，通过观察、走访及入户访谈，从微观层面直观地了解到初化村村民的生活状况，与此同时开展了第一次问卷调查。2017年11月8~13日，子课题组再次前往凌云县开展第二次调研工作。在第一次驻村调研的基础上，子课题组于2017年11月9日与凌云县扶贫办、农业局、财政局、交通局、水利局、环保局、国土局、林业局等相关部门召开座谈会，从县级政策层面及各部门层面了解凌云县精准扶贫的开展情况以及其中存在的问题，搜集与扶贫相关的文件资料。2017 年 11 月 10 日，子课题组与扶贫办负责人进一步进行深度座谈，并前往初化村与村干部进行座谈。2017 年 11 月 11 日，子课题组继续开展驻村调研工作，在第一次问卷调研的基础上，开展补充完善工作。由于农户外出务工及交通不便，子课题组在初化村的调研共完成农户问卷 39 份，其中 31 份为建档立卡贫困户问卷，8 份为非贫困户问卷。2017 年 11 月下旬，子课题组获得了所需文件资料，并开始初步整理其所搜集到的文件资料及调研视频资料。子课题组于 2017 年 12 月开始整理调研问卷并进行问卷录入及数据初步统计工作，于 2018 年 1 月提交了原始调研问卷，于 2018 年 3 月开始着手撰写初化村精准扶贫调研报告。

由于初化村贫困成因的复杂性和多样性，因此目前党和政府的扶贫政策强调多种措施并举。这就要求初化村做好与各项扶贫政策的衔接与耦合工作，从而提高政策实施效果。基于这一考虑，本项调研将对初化村各项扶贫政策及其效果进行分析，着重分析不同部门政策之间的衔接和协调问题，并提出相应的政策建议。

目 录

第一章

调研区县总体情况

第一节　凌云县基本情况

凌云县位于广西壮族自治区西北部，为国家扶贫工作重点县，属于滇桂黔石漠化片区少数民族聚集山区，贫困发生率较高，具有区域性、整体性贫困的特点。

凌云县地处云贵高原东南延伸部分，群山连绵，整个县的山地面积占全县总面积的93.32%，平地面积占全县总面积的3.28%。凌云县地貌主要由土山和石灰岩喀斯特地貌构成，其中土山区位于县城的西北、西南地区，占全县总面积的近60%，居住着全县40%的人口；喀斯特地貌的石山区主要位于县城的东部、北部地区，占全县总面积的近40%，居住着全县60%的人口。

凌云县县域面积 2053 平方公里，约相当于 308 万亩。其中耕地面积接近 17 万亩，包括水田约 5 万亩，旱地约 12 万亩，人均耕地面积约 0.7 亩。全县有荒山 60 多万亩，其中宜牧宜林荒山 40 多万亩，森林覆盖率 71%。县域的矿产资源十分丰富，各类矿产分布在各乡各村屯中，其中白云石矿、硅锰矿储量最大，金矿、锑矿、石灰石等也适量分布。全县辖泗城镇、逻楼镇、加尤镇 3 个镇，以及下甲乡、伶站瑶族乡、朝里瑶族乡、沙里瑶族乡、玉洪瑶族乡 5 个乡。

凌云县的人口构成主要是汉族、壮族以及瑶族，其中汉族人口约占 46%，壮族人口约占 32%，瑶族人口约占 22%。此外，凌云县还有布依族、彝族、土家族、苗族、仫佬族、哈尼族等人数极少的少数民族居住。全县共有 105 个行政村、5 个居委会。全县户籍人口 22 万人，其中 18 万人为农村人口，县城人口 4 万人，城镇化率仅 18%。全县第二产业从业人员 14561 人，第三产业从业人员 20082 人。

2016 年全县地区生产总值 31.03 亿元，三大产业比重之比为 26.4∶40.4∶33.2。粮食总产量 5.29 万吨，比上一年度减少 1.6%；甘蔗产量 1.21 万吨；园林水果产量 0.83 万吨。县域内规模以上工业企业单位有 21 个，总产值 23.69 亿元，利润总额 1.15 亿元，全年固定资产投资 36.04 亿元。2016 年全县财政收入仅为 2.28 亿，占全市 GDP 的 7.4%。城镇居民人均可支配收入为 24676 元，比上一年增长 6.9%；农村居民人均可支配收入 7443 元，增速为 11.6%。2016 年全县的贫困发生率约为 22.0%，最严重的村为后龙村，贫困发生率为 83.6%。全县各项经济指标在百色市内排名靠后。

2015 年 10 月至 2016 年 3 月，凌云县经过重新精准识别，识别出 53 个贫困村，1.3 万户贫困人口，共计 4.8 万人。2016 年努力摘帽 7 个贫困村，共 4600 多户，约 1.8 万人。2017 年自治区下达 9 个村脱贫的任务，脱贫人数 3274 人；凌云县县级脱贫目标为 11 个村，共 7193 人。

第二节　伶站瑶族乡基本情况

伶站瑶族乡位于凌云县南部，是百色市进入凌云县的第一站，东与沙里乡、右江区龙川镇交接，南与右江区永乐乡相连，西与朝里乡毗邻，北与下甲乡接壤。伶站瑶族乡距凌云县城 30 公里，距百色城 50 公里，距首府南宁 330 公里，距百色火车站 54 公里，距百色飞机场 90 公里，有百色—凌云—乐业二级公路穿乡而过，交通地理条件比较优越，是凌云县的交通咽喉要道。

伶站瑶族乡属于半土半石山区，行政区域面积 21157 公顷，辖 9 个行政村、115 个村民小组、104 个自然屯，主要聚居着瑶、壮、汉三个民族，共 4505 户、20075 人，常住人口 15390 人。2015 年该乡从业人员 8170 人，其中一产从业人员占比 70.89%，高于 2015 年全国一产从业人员 59.2% 的比重①。伶站瑶族乡乡域范围内石材资源丰富，通过招商引资，目前已有 10 家企业落户，主要从事有色金属冶炼、水泥石材和产品加工业，是凌云县工业重镇、核心旅游圈、特色农业产业示范基地。该乡旅游资源也较丰富，有独特的民族建筑和瑶族文化习俗，还有岩流天坑、梦笔峰、月牙潭、浩坤湖等自然风光。

① 《中国县域统计年鉴 2016》及凌云县统计局数据。

第二章

各级政府扶贫思路及政策

第一节　中央层面脱贫攻坚相关政策

根据《中共中央国务院关于全面打赢脱贫攻坚战的决定》（中发〔2015〕34 号）的精神，我国脱贫攻坚工作的总体要求是达到"两不愁、三保障"，即稳定实现农村贫困人口不愁吃、不愁穿，义务教育、基本医疗和住房安全有保障。

一　贫困退出

为建立贫困人口和贫困县退出的动态机制，《中共中央办公厅、国务院办公厅印发〈关于建立贫困退出机制的意见〉的通知》（厅字〔2016〕16号）对贫困人口退出标准、贫困人口退出程序、贫困村以及贫困县退出标准做了说明。贫困人口的退出以户为单位，主要衡量指标是该户年人均纯收入稳定、超过国家扶贫标准且实现"两不愁、三保障"；退出应由村两委组织民主评议后提出，各村两委和驻村工作队核实后拟定贫困户人口退出名单，在村内公示无异议后公告退出。贫困村的退出以贫困发生率为主要衡量指标，统筹考虑村内基础设施、产业发展、基本公共服务、集体经济收入等综合因素，原则上贫困村贫困发生率要降到2%以下、西部地区3%以下，在乡镇公示无异议后公告退出。2017年，《国务院扶贫办关于印发〈贫困县退出专项评估检查实施办法（试行）〉的通知》（国开办发〔2017〕56号）进一步对贫困县的退出标准做了说明，指出贫困县脱贫实地评估检查除了综合贫困发生率外，还要参考脱贫人口错退率、贫困人口漏评率和群众认可度三项指标。

二　产业扶持

产业扶贫是指以市场为导向，以经济效益为中心，以产业发展为杠杆的扶贫开发过程，是促进贫困地区发展、增加贫困农户收入的有效途径，是扶贫开发的战略重点和主要任务。产业扶贫是一种内生发展机制，其目的在于促进贫困个体（家庭）与贫困区域协同发展，根植发展基因，激活发展动力，阻断贫困发生的动因。中央层面在产业扶贫方面的创新性举措是提出了资产收益扶贫的方案。

财政部《关于做好财政支农资金支持资产收益扶贫工作的通知》（财农〔2017〕52号）提出，在脱贫攻坚期内，在不改变用途的情况下，各地利用中央及地方各级财政专项扶贫资金和其他涉农资金投入设施农业、养殖、光伏、乡村旅游等项目，具备条件的项目可用于资产收益扶贫。对于用于资产收益扶贫的财政资金，鼓励将其优先用于固定资产投资、购买生产资料等，形成可核查的物化资产；对于将财政资金通过贴息、担保、风险补偿等方式"放大"后再用于资产收益扶贫，要制定风险防范措施和应急预案。各地鼓励实施主体购买商业保险，分散和降低经营风险，增强履约偿付能力。各地可探索利用保费补贴等扶持政策，对实施主体给予适当支持。在资产折股量化时，各地要采取民主决策、第三方评估等方式，确保资产公允计价。在资产收益扶贫实施主体解散或破产清算时，各地在按照有关法律规定清偿债务后，应优先保障贫困村和贫困群众的权益。

三　医疗与养老保障

在贫困人口医疗保险与养老保险保障方面，人社部2017年出台的《关于切实做好社会保险扶贫工作的意见》（人社部发〔2017〕59号）指出，针对建档立卡未标注脱贫的贫困人口、最低生活保障对象、特困人员等困难群体，以及参加城乡居民基本养老保险的群体，地方人民政府为其代缴部分或全部最低标准养老保险费。此外，将参加城乡居民基本医疗保险的非就业妇女符合条件的住院分娩医疗费用纳入城乡居民基本医疗保险报销范围。

《民政部关于贯彻落实〈中共中央国务院关于打赢脱贫攻坚战的决定〉的通知》（民发〔2016〕57号）提出了医疗保险保费补助的补贴方案，对于建档立卡贫困人口参加基本医疗保险的个人缴费部分由财政部给予补贴，将符合条件的建档立卡贫困人口纳入重特大疾病医疗救助范围，对其经基本医疗保险、城乡居民大病保险等报销后个人负担的合规医疗费用予以救助。

《国家卫生计生委办公厅关于印发〈农村贫困住院患者县域内先诊疗后付费工作方案〉的通知》（国卫办医函〔2017〕186号）提出，参加城乡居民基本医疗保险（新农合）的农村贫困住院患者在县域内的定点医疗机构可以享受先诊疗后付费服务。在入院手续方面，在县域内定点医疗机构中，符合医保（新农合）规定的疾病住院条件的参保（参合）患者，持医保卡（新农合医疗证）、有效身份证件和扶贫部门出具的贫困证明或民政部门出具的最低生活保障、特困等相关证明（证件）办理入院手续，并签订"先诊疗，后付费"协议后，无须交纳住院押金便可直接住院治疗。医院只收存医保卡（新农合医疗证）和有效身份证明复印件。国家鼓励通过推进信息联网，实现贫困患者身份精准识别，减少提供相关证明材料的要求，方便群众。在费用结算方面，在患者出院时，定点医疗机构及时结报新农合补偿部分，补偿后个人应承担的费用由患者结清。患者结清个人应承担的费用后，医疗机构及时归还患者提交的相关证件。对于确有困难，出院时无法一次性结清自付费用的患者，定点医疗机构可通过与其签订延期、分期还款协议等方式，明确还款时间，予以办理出院手续。对住院时间较长、医疗费用较高的参合患者，定点医疗机构可根据实际情况，自行制定医疗费用分阶段结算具体办法，以防止机构垫付费用过多，影响正常运转。

四　住房保障与易地搬迁

《关于加强和完善建档立卡贫困户等重点对象农村危房改造若干问题的通知》（建村〔2017〕192号）提出了建档立卡贫困户退出时住房应满足的基本质量要求：选址安全，地基坚实；基础牢靠，结构稳定，强度满足要求；抗震构造措施齐全、符合规定；围护结构和非结构构件与主体结构连接牢固；建筑材料质量合格。

国土部门《关于用好用活增减挂钩政策积极支持扶贫开发及易地搬迁工作的通知》（国土资规〔2016〕2号）对易地搬迁用地增减挂钩及易地搬迁复垦用地提出了要求。按照应保尽保的要求，各地政府加大对扶贫开发及易地扶贫搬迁地区增减挂钩指标支持力度。省级国土资源主管部门在安排增减挂钩指标时，要重点支持贫困市县的扶贫开发及易地搬迁工作；市、县级国土资源主管部门在组织增减挂钩项目时，要优先考虑贫困村特别是易地扶贫搬迁的村庄。国家扶贫开发工作重点县和开展易地扶贫搬迁的贫困老区此前产生且至今尚未使用的节余增减挂钩政策积极支持指标，可按规定在省域范围内流转使用。各地运用增减挂钩政策支持扶贫开发及易地扶贫搬迁时，要充分尊重农民意愿，保障农民的知情权、参与权和收益权，不搞强迫命令，避免以易地扶贫搬迁为名搞运动式搬迁。拆旧复垦腾出的建设用地，必须优先满足农民新居、农村基础和公益设施建设的需求，并留足农村非农产业发展建设用地。拆旧复垦土地所有权仍属于拆旧区集体经济组织，其经营使用权由集体经济组织自主确定。

国家发展改革委《关于印发全国"十三五"易地扶贫搬迁规划的通知》（发改地区〔2016〕2022号）针对易地搬迁建房面积标准、基础设施建设、公共服务设施建设及迁出地宅基地利用等方面提出了要求。第一，建房按照"保障基本、安全适用"的原则，建档立卡搬迁人口住房建设面积严格执行不超过25平方米/人的标准（宅基地建设面积严格按照当地标准执行），其中单人单户安置住房可采取集中建设公寓，与幸福院、养老院共建等方式建设，具体建设方式和标准由地方政府结合当地实际情况确定。按照一户一宅方式安置的村民，可以在分配的宅基地上预留续建空间，稳定脱贫后可自行扩建。同步搬迁人口住房建设应在地方政府的统一指导下，按照安置区规划组织实施，住房面积标准可以建档立卡搬迁人口标准为参照，由当地市县级政府酌定。第二，基础设施按照"规模适宜、功能合理、经济安全、环境整洁、宜居宜业"的原则，配套建设安置区的水、电、路、基础电信网络及垃圾、污水处理等基础设施，建设标准执行相关行业标准。第三，基本公共服务设施按照"缺什么补什么"和"适当留有余地"的原则，在充分利用现有基本公共服务设施能力的基础上，统筹考虑今后一个时期内的人口流量流向，同步规划、同步建设一批教育、卫生、文化体育，以及商业网点、便民超市、集贸市场等公共服务设施。第四，对迁出区宅基地等建设用地，以及腾退、废弃土地进行复垦，适宜耕作的土地优先用于补充耕地资源。组织实施高标准农田、土地整理等工程建设，增加耕地数量，提高耕地质量，尽可能地保障搬迁对象农业生产的基本土地（耕地、牧场、林地）等生产资料。

五　残疾人救助

《国务院关于加快推进残疾人小康进程的意见》（国发〔2015〕7号）提出了落实贫困和重度残疾人参加城乡居民基本养老保险、城乡居民基本医疗保险的个人缴费资助政策，对纳入城乡医疗救助范围的残疾人，逐步提高救助标准和封顶线；对于精神障碍患者中通过基本医疗保险支付医疗费用后仍有困难，或者不能通过基本医疗保险支付医疗费用的，应当优先给予医疗救助。社会救助经办机构对残疾人中申请社会救助的，应当及时受理并提供相应的便利条件。各地在实施农村危房改造时，同等条件下要优先安排经济困难的残疾人家庭，对无力自筹资金的残疾人家庭给予倾斜照顾。

六　最低生活保障

《民政部关于贯彻落实〈中共中央国务院关于打赢脱

贫攻坚战的决定〉的通知》（民发〔2016〕57号）提出了贫困家庭及贫困人员的最低生活保障要求，完善农村最低生活保障制度，将符合农村最低生活保障条件的贫困家庭，特别是主要成员完全或部分丧失劳动能力的家庭，全部纳入农村最低生活保障范围，做到应保尽保。各地要及时调整农村最低生活保障标准，确保到2020年时各地农村最低生活保障标准都能达到国家扶贫标准。最低生活保障标准已经达到国家扶贫标准的地区，要按照量化调整机制科学调整，确保农村最低生活保障标准不低于按年度动态调整后的国家扶贫标准。各地要积极协调有关部门将符合条件的农村最低生活保障家庭统筹纳入产业扶持、易地搬迁、生态保护、教育扶持、医疗保障、资产收益以及社会扶贫等政策覆盖范围。对于生活困难、靠家庭供养且无法单独立户的成年无业重度残疾人，经个人申请，可按照单人户被纳入最低生活保障范围。

七 特困人员救助供养

《国务院关于进一步健全特困人员救助供养制度的意见》（国发〔2016〕14号）中规定了特困人员救助供养要求及供养范围。城乡老年人、残疾人以及未满16周岁的未成年人，同时具备以下条件的，应当被依法纳入特困人员救助供养范围：无劳动能力、无生活来源、无法定赡养抚养扶养义务人或者其法定义务人无履行义务能力。特困人员救助供养主要包括以下内容：提供基本生活条件、对生活不能自理的给予照料、提供疾病治疗服务、办理丧葬事宜。各地对符合规定标准的分散供养特困人员，通过配租公共租赁用房、发放住房租赁补贴、农村危房改造等方式给予住房救助。此外，对在义务教育阶段就学的特困人员，给予教育救助；对在高中教育、普通高等教育阶段就学的特困人员，根据实际情况给予适当教育救助。

八 财政扶贫资金管理

财政部发布的《关于印发〈中央财政专项扶贫资金管理办法〉的通知》（财农〔2017〕8号）中对中央财政专项扶贫资金使用范围、项目管理费安排提出了具体要求，在专项扶贫资金使用上，各省应按照国家扶贫开发政策要求，结合当地扶贫开发工作实际情况，围绕培育和壮大贫困地区特色产业、改善小型公益性生产生活设施条件、增强贫困人口自我发展能力和抵御风险能力等方面，因户施策、因地制宜地确定中央财政专项扶贫资金的使用范围。教育、科学、文化、卫生、医疗、社保等社会事业支出原则上从现有资金渠道安排。各地原通过中央财政专项扶贫资金用于上述社会事业事项（"雨露计划"中的农村贫困家庭子女初中、高中毕业后接受中高等职业教育，对家庭给予扶贫助学补助的事项除外）的不再继续支出。开展统筹整合使用财政涉农资金试点的贫困县，由县级按照贫困县开展统筹整合使用财政涉农资金试点工作的有关文件要求，根据脱贫攻坚需求统筹安排中央财政专项扶贫资金。

在项目管理费的安排上，各省可根据扶贫资金项目管理的工作需要，从中央财政专项扶贫资金中按最高不超过1%的比例据实列支项目管理费，并由县级安排使用，不足部分由地方财政解决。项目管理费专门用于项目前期准备和实施工作，以及与资金管理相关的经费开支。

财政部对财政专项扶贫资金禁止使用的范围做了规定：中央财政专项扶贫资金（含项目管理费）不得用于行政事业单位基本支出，以及交通工具及通信设备，各种奖金、津贴和福利补助，弥补企业亏损，修建楼堂馆所及贫困农场、林场棚户改造以外的职工住宅，弥补预算支出缺口和偿还债务，大中型基本建设项目，城市基础设施建设和城市扶贫及其他与脱贫攻坚无关的支出。

九 涉农资金管理

《国务院办公厅关于支持贫困县开展统筹整合使用财政涉农资金试点的意见》（国办发〔2016〕22号）中规定了统筹整合使用涉农资金的范围，提出了统筹整合的资金使用范围是各级财政安排用于农业生产发展和农村基础设施建设等方面。中央层面的资金主要有：财政专项扶贫资金、农田水利设施建设和水土保持补助资金、现代农业生产发展资金、农业技术推广与服务补助资金、林业补助资金、农业综合开发补助资金、农村综合改革转移支付资金、新增建设用地土地有偿使用费安排的高标准基本农田建设补助资金、农村环境连片整治示范资金、车辆购置税收入补助地方用于一般公路（支持农村公路部分）建设项目资金、农村危房改造补助资金、中央专项彩票公益金支持扶贫资金、产粮大县奖励资金、生猪（牛、羊）调出大县奖励（省级统筹部分）资金、农业资源及生态保护补助（对农民的直接补贴除外）资金、服务业发展专项（支持新农村现代流通服务网络工程部分）资金、江河湖库水系综合整治资金、全国山洪灾害防治经费、旅游发展基金，以及中央预算内投资用于"三农"建设部分的资金（不包括重大引调水工程，重点水源工程，江河湖泊治理骨干重大工程，跨界河流开发治理工程，新建大型灌区、大中型灌区续建配套和节水改造，大中型病险水库水闸除险加固，生态建设方面的支出）。对于教育、医疗、卫生等社会事业方面的资金，各地要结合脱贫攻坚任务和贫困人口的变化情况，完善资金安排使用机制，精准有效地使用资金。这就要求各省（区）、市（地）要结合本地实际情况，明确本级财政安排的涉农资金中贫困县可统筹整合使用的资金范围，进一步加大统筹整合力度。

在统筹整合使用涉农资金方面，贫困县要坚持目标导向和问题导向，编制好本地脱贫攻坚规划，做好与全国脱贫攻坚规划、各部门专项规划的衔接工作，以规划引领投入，凝聚扶贫的各方面力量。此外，贫困县要结合各部门政策目标和工作任务，依据本地脱贫攻坚规划，充分发挥贴近脱贫攻坚一线、管理信息充分的优势，区分轻重缓急，确定重点扶贫项目和建设任务，统筹安排相关涉农资金，交由县级相关部门具体落实。资金统筹整合使用要与脱贫任务挂钩，按照脱贫效益最大化原则配置资源，将脱贫成效作为衡量资金统筹整合使用工作成果的主要标准。最后，贫困县要加强脱贫攻坚项目储备，加快相关涉农资金安排进度，保证项目成熟一个资金到位一个，年度计划的建设任务应在接到上级转移支付后的一年内完成，以确保不出现资金滞留问题。

贫困县要在本地政府门户网站和主要媒体公开统筹整合使用的涉农资金来源、用途和项目建设等情况，并实施扶贫项目行政村公示制度，接受社会监督。贫困县对财政涉农资金管理监督负首要责任，贫困村第一书记、驻村工作队、村委会要深度参与到涉农资金和项目的管理监督之中。

第二节　广西壮族自治区层面脱贫攻坚相关政策

一　脱贫摘帽标准

广西壮族自治区在《中共中央办公厅、国务院办公厅印发〈关于建立贫困退出机制的意见〉的通知》（厅字〔2016〕16号）、《国务院关于印发"十三五"脱贫攻坚规划的通知》（国发〔2016〕64号）的基础上，发布了《广西壮族自治区人民政府办公厅关于进一步明确精准脱贫摘帽标准及认定程序有关问题的通知》（桂政办发〔2016

83 号）以及《广西壮族自治区人民政府办公厅关于进一步调整精准脱贫摘帽标准及认定程序的通知》（桂政办发〔2017〕41 号），提出了贫困户脱贫摘帽的"八有一超"标准。"八有"指有稳定收入来源且吃穿不愁、有住房保障、有基本医疗保障、有义务教育保障、有安全饮水、有路通村屯、有电用、有电视看；"一超"指年人均纯收入稳定超过国家扶贫标准。

贫困村脱贫摘帽标准按照"十一有一低于"的标准执行。"十一有"指有特色产业、有住房保障、有基本医疗保障、有义务教育保障、有安全饮水、有路通村屯、有电用、有基本公共服务、有电视看、有村集体经济收入、有好的"两委"班子；"一低于"指贫困发生率低于 3%。

贫困县脱贫摘帽标准按照"九有一低于"的标准执行。"九有"指有特色产业、有住房保障、有基本医疗保障、有义务教育保障、有安全饮水、有路通村屯、有电用、有基本公共服务、有社会救助；"一低于"指贫困发生率低于 3%。

贫困户脱贫摘帽"双认定"验收标准按照"八有一超"的具体内容来制定。

二 精准识别入户评估

对于打赢脱贫攻坚战，精准识别贫困对象是前提，只有做到精准识别，才能精准发力、精准帮扶。广西壮族自治区规定了入户贫困识别的指标，主要包括住房（房屋结构、装修情况、人均居住面积）、家电（洗衣机、热水器、电脑或较大音响设备、电冰箱、电视机）、农机（手扶拖拉机、插秧机、打田机）、机动车（机动三轮车、摩托车、自行车）、饮水、用电、自然屯通路情况、健康状况、读书状况、劳动力结构（16~60岁占比）、务工情况、人均土地面积、养殖业、种植面积等共16项。此外还有一些加分项和减分项，加分项如精装修、有空调、家庭成员为国家机关或企事业单位工作人员、全家外出务工或子女外出务工等；减分项如遭受自然灾害、家庭成员残疾、单亲家庭等。

贫困户精准识别同时试行"八个一票否决"，对于存在以下8种情形的农户在精准识别中采取一票否决。

（1）有两层以上（含两层）砖混结构且精装修住房或两层纯木结构住房且人均居住面积在50平方米以上（含50平方米）的农户。

（2）在闹市区、集镇或城市买有住房（含自建房）、商铺、地皮等房地产的农户（移民搬迁的除外）。

（3）家庭成员（包括同户父母、子女）有经营公司或其他经济实体（如饭店、宾馆、超市、农家乐、工厂、药店、诊所等）的农户。

（4）拥有现有价值在3万元以上（含3万元）且能正常使用的农用拖拉机、大型收割机、面包轿车、越野车、卡车、重型货车、船舶等之一的农户。

（5）家庭成员有1人以上（含1人）在国家机关、事业单位工作且有正式编制（含离退休干部职工）的农户，或1人以上（含1人）在国有企业和大型民营企业工作且相对稳定的农户。

（6）全家外出务工 3 年以上且家中长期无人回来居住的农户。

（7）家庭成员具有健康劳动能力和一定生产资料，无正当理由但不愿从事劳动，且明显有吸毒、赌博、好吃懒做等不良习性，导致生活困难的农户。

（8）为了成为贫困户，把户口迁入农村，但实际不在落户地生产生活的空挂户，或明显为争当贫困户而拆户、分户的农户。

同时，对贫困户实行动态管理，包括错评剔除管理、贫困户返贫管理、新识别贫困户管理等。

三 到户扶持政策

（一）产业与就业扶持

扶贫小额信贷。对于已获得扶贫小额信贷的建档立卡贫困户 5 万元以下、3 年以内（含 3 年）的信用贷款给予免抵押、免担保、按基准利率由财政全额贴息的福利；贫困户利用扶贫小额信贷资金合作或委托经营，合作期限和收益分红比例以双方签订互利共赢的稳定脱贫协议为准，但原则上收益分配期限不低于 5 年，其中前 3 年每年按不低于合作或委托经营资金 8% 的比例分配给贫困户，后 2 年（贷款收回后）视经营主体经营状况适当增减，但仍享受每年收益分配且比例不低于原合作或委托经营资金的 3%；贫困户中以扶贫小额信贷资金合作或委托经营主体经营的，前 3 年每年分配到户的收益原则上继续注入合作经营主体进行合作或委托经营，3 年到期后的年收益分配比例不得低于 5%。

扶贫产业奖补。对于发展扶贫产业的建档立卡贫困户、处于继续扶持和跟踪观察期的脱贫户，各市、县（市、区）根据当地实际情况，对发展扶贫产业的补助对象给予奖励。

农业保险保费补贴。建档立卡贫困户享受脱贫当年购买政策性农业保险免交保费的福利，免交的保费由自治区财政承担。

自主创业补贴。对建档立卡贫困户中新注册个体工商户并正常经营 1 年以上的给予不低于 1 万元的一次性创业补贴，所需资金可由市、县根据当年的财政专项扶贫资金、扶贫产业发展基金统筹安排。

公益性岗位扶持。各地结合实际开发乡村公益性岗位，优先吸纳建档立卡贫困户家庭劳动力就业，按规定给予其岗位补贴和社会保险补贴，所需资金由县级人民政府统筹安排。

村集体经济。县级财政要统筹资金以确保每个贫困村有 50 万元以上的贫困村集体经济发展资金。

（二）教育与培训

义务教育阶段补贴政策。对于建档立卡贫困户子女实施 15 年免费教育政策，即免除学前教育保教费，实施普通高中免除学杂费，逐步分类推进中等职业教育免除学杂费。

雨露计划补贴。对于 2017 年参加全日制本科学历教育并取得学籍的建档立卡新生（不含预科生）一次性补助 5000 元 / 人；对参加中、高等职业学历教育的建档立卡学生每学期补助 1500 元 / 人，按学制年限补助；对 16~60 周岁、有劳动能力的参加扶贫部门主办的 1~3 个月的短期技能培训的建档立卡扶贫对象，分三档进行补贴，A 类 3500 元 / 人，B 类 3000 元 / 人，C 类 2500 元 / 人，按获得职业资格证的学员人数结算培训经费；对于参加扶贫部门以外的单位主办的技能培训并考取可在网上查证的职业资格证的建档立卡扶贫对象给予准入类职业资格证奖励 800 元 / 人，水平评价类职业资格证奖励按照 A 类 1000 元 / 人、B 类 800 元 / 人、C 类 600 元 / 人的标准执行；对于从事农业生产经营的建档立卡扶贫对象，给予参加培训的农民每人每天 50 元的补助。

"两后生"职业培训（中期就业技能培训）专项计划。以建档立卡贫困家庭中年龄 15 至 22 周岁、未婚、未继续升学（含退学、辍学等）的初中和高中毕业后的学生（简称"两后生"）为重点对象，包括所有贫困家庭子女和农村转移就业劳动力，对于技工院校结对帮扶贫困家庭"两后生"职业培训专项计划，参加为期一个学年（10 个月）的中期就业技能培训，符合条件的按规定给每名学员补贴 1.2 万元，参加为期 2 个月以内的短期就业技能培训，符合条件的按规定给每名学员补贴 720~1500 元，参加为期 70 个学时的创业培训，符合条件的按规定给每名学员补贴 780~1300 元。

自 2017 年起，对于在全区义务教育阶段寄宿制学校（含城市、民办）就读的家庭经济困难寄宿生，给予小学生每人每年 1000 元、初中生每人每年 1250 元的生活补助；

对于农村义务教育学生营养改善计划试点县，给予在校学生每人每年 800 元的膳食补助资金；对于中等职业学校全日制正式学籍一、二年级在校就读的涉农专业学生，以及具有集中连片特困地区农村户籍的学生和非涉农专业的家庭经济困难的学生，给予学生每人每年 2000 元的中等职业学校国家助学金。此外，还有高等学校国家助学金、普通高中国家助学金、家庭经济困难大学新生入学补助等教育补贴。

（三）健康扶贫

各地对于农村贫困人口参加城乡居民基本医疗保险的个人缴费部分补助 60%，即 72 元 / 年；对于农村计划生育"独生子女户、依法生育的双女结扎户、计划生育特殊家庭"参加城乡居民基本医疗保险的个人缴费部分给予全额补助，即 120 元 / 年。

参加城乡居民基本医疗保险的建档立卡贫困户，在统筹区域内及经批准转诊到统筹区域外定点医疗机构就医等发生在政策范围内的住院医疗费用，基本医疗保险报销比例提高 5 个百分点；大病保险起付线降低 50%，报销比例提高 10 个百分点。参加城乡居民基本医疗保险的建档立卡贫困人口在就诊入院时，无须缴纳住院押金即可住院治疗，出院时仅需缴纳个人应承担的医疗费用部分。

（四）社会保障

最低生活保障金。各地对家庭年人均纯收入低于当地最低生活保障标准且家庭财产符合条件的农村居民提供最低生活保障补助，最低生活保障家庭补助水平（最低生活保障金）=（农村最低生活保障标准 - 家庭人均收入）× 农村最低生活保障家庭人数。由于农村家庭收入难以测算，因此自治区对农村最低生活保障对象实行分档救助，即把最低生活保障对象根据家庭困难程度分成 A、B、C 三档进行救助。一是将完全丧失劳动能力或生活自理能力、家庭生活常年陷入困难的特别困难家庭列为重点保障户（A 类）；二是将因年老、残疾、患重大特大疾病或长期慢性病等部分丧失劳动能力或生活自理能力，家庭人均收入低于当地最低生活保障标准且家庭财产符合有关规定的比较困难家庭列为基本保障户（B 类）；三是将其他原因造成家庭人均收入低于当地保障标准且家庭财产符合有关规定的一般困难家庭列为一般保障户（C 类）。

养老金。各级政府对年满 60 周岁、符合领取城乡居民基本养老保险待遇条件的参保人员发放基础养老金。2016 年的基础养老金最低标准为每人每月 90 元。对于城乡居民基本养老保险参保人员，政府对 100~800 元的缴费档次分别按每人每年 30 元、40 元、50 元、55 元、60 元、65 元、70 元、75 元的标准进行补贴，对 900~2000 元的缴费档次统一按每人每年 80 元的标准进行补贴。对于城乡居民基本养老保险参保人员中的五类困难人员，城乡重度残疾人、城乡贫困残疾人、城镇"三无"人员、农村五保供养对象由政府全额代缴养老保险费 100 元，城乡最低生活保障对象由政府代缴 50% 的养老保险费 50 元。

此外还有临时救助政策，即针对残疾人的补贴、

80周岁以上老年人的高龄补贴，以及边境线居民的生活补助。

（五）危房改造和易地搬迁

农村危房改造补助。危房等级为 B、C、D 级中的一种或为无房户的建档立卡贫困户，可享受危房拆除重建或新建的户均补助标准。目前的基本补助标准为：中央和自治区本级户均补助标准为 23000 元；市级配套户均补助标准为 1500 元；县级配套可根据本县财力情况确定，原则上户均补助标准为 2000 元。各县（市、区）应根据自治区的补助标准，以精准识别分数为基准，按极端、特别、中等、一般 4 个贫困等级制定具体的差异化补助标准，严禁"平均"或"普惠"等行为。对于列入维修加固的农村危房，由县级危改部门结合本县（市、区）实际制定分类补助标准，但最高补助标准不宜高出本县拆除重建或新建的农村危房改造户均补助的 50%。

危房改造保障基本要求。农村危房改造形式为新建的住房，原则上改造后的住房建筑面积要在人均 13 平方米以上；五保户的建筑面积宜控制在 40 平方米以内；3 人以下（含 3 人）农户的建筑面积原则上控制在 60 平方米以内；4 人以上（含 4 人）农户的人均建筑面积原则上不得超过 18 平方米；无资金自筹能力的农户的建筑面积宜控制在 60 平方米以内；纳入农村危房改造维修加固范畴的农户，其建筑面积不受上述限制。改造后的住房人数以家庭实际人口计算，住房建筑面积不含储藏谷物、放置农具等用房的面积。

易地扶贫搬迁。第一，实施易地搬迁的农村建档立卡贫困人口搬迁补助政策，根据三类地区的划分制定不同标准。一类地区即国家扶贫开发工作重点县、滇桂黔石漠化片区县（不含滇桂黔石漠化片区"天窗县"），每人自筹资金不超过0.25万元；二类地区即自治区扶贫开发工作重点县、滇桂黔石漠化片区"天窗县"和享受待遇县，每人自筹资金不超过0.3万元；三类地区即其他面上县，每人自筹资金不超过0.35万元。确实无力自筹资金的鳏寡孤独等特别贫困户，经县级扶贫开发领导小组研究同意后可免除其自筹部分。第二，非建档立卡贫困人口搬迁补助标准。一类地区即国家扶贫开发工作重点县、滇桂黔石漠化片区县（不含滇桂黔石漠化片区"天窗县"），每人自筹资金不少于1.25万元；二类地区即自治区扶贫开发工作重点县、滇桂黔石漠化片区"天窗县"和享受待遇县，每人自筹资金不少于1.3万元；三类地区即其他面上县，每人自筹资金不少于1.35万元。第三，整屯搬迁。整屯搬迁实施的范围主要是全区54个贫困县。整屯搬迁原则上要符合以下条件：一是拟搬迁屯的交通、饮水、电力等基础条件差，或者居住环境恶劣、地处国家主体功能区规划中的禁止或限制开发区、地方病严重、地质灾害频发等"一方水土养不起一方人"的情形；二是拟搬迁屯的贫困发生率在50%以上（含50%）、集中居住50户以下（含50户）、50%以上（含50%）的群众愿意搬迁。第四，拆除旧房的搬迁户。按照拆除旧房后每户奖励不低于2万元、不超过5万元的标准，由项目市、县（市、区）人民政府结合搬迁户旧房质量、旧宅基地占地面积、复垦价值、拆除旧房时限等情况，自行制定具体奖励办法（易地扶贫搬迁拆除旧房奖励办法参考方案详见附录）。拆除旧房的奖励资金从易地扶贫搬迁人均6万元资金原安排的人均1.2万元征地费中列支。第五，搬迁住房面积标准。对于建档立卡搬迁人口住房建设，以公寓房方式安置的、以户为单位安置的人均住房建设面积不得超过25平方米；以一户一宅方式安置的，每户宅基地面积不得超过80平方米，人均住房建设面积不得超过25平方米。

四 退出户享受政策

国家针对贫困退出户的基本原则是跟踪两年观察一年，即在两年的继续扶持期内，贫困退出户继续享受相关扶贫政策，退出后的第三年为跟踪观察期，在一年的跟踪观察期内，各地给予贫困退出户发展生产等方面的指导，以巩固脱贫成果。

在产业扶持补贴方面，各地仍然给予退出户扶贫小额信贷贴息补贴和扶贫产业奖补。在教育方面，退出户仍可享受雨露计划补贴、学杂费补助、就学资助等待遇。此外，退出户享受医疗保障补贴以及跟踪帮扶待遇。

五 内部管理方面

（一）精准识别采取八个一票否决制

有下列情形之一者，原则上在精准识别贫困户评议中对其采取一票否决（见表2-1）。

表 2-1 八种采取一票否决的情形

序号	情形
1	有两层以上（含两层）砖混结构且精装修住房或两层纯木结构住房且人均居住面积在 50 平方米以上（含 50 平方米）的农户
2	在闹市区、集镇或城市买有住房（含自建房）、商铺、地皮等房地产的农户（移民搬迁的除外）
3	家庭成员（包括同户父母、子女）有经营公司或其他经济实体（如饭店、宾馆、超市、农家乐、工厂、药店、诊所等）的农户
4	拥有现有价值在 3 万元以上（含 3 万元）且能正常使用的农用拖拉机、大型收割机、面包车、轿车、越野车、卡车、重型货车、船舶等之一的农户
5	家庭成员有 1 人以上（含 1 人）在国家机关、事业单位工作且有正式编制（含离退休干部职工）的农户，或 1 人以上（含 1 人）在国有企业和大型民营企业工作且相对稳定的农户
6	全家外出务工 3 年以上且家中长期无人回来居住的农户
7	家庭成员具有健康劳动能力和一定生产资料，无正当理由但不愿从事劳动，且明显有吸毒、赌博、好吃懒做等不良习性，导致生活困难的农户
8	为了成为贫困户，把户口迁入农村，但实际不在落户地生产生活的空挂户，或明显为争当贫困户而进行拆户、分户的农户

（二）动态管理

各地对贫困户实行动态管理，包括错评剔除管理、脱贫户返贫管理、新识别贫困户管理、信息员队伍管理，以及档案管理。

（三）资金管理

各级政府加大财政扶贫投入力度，稳步扩大片区县、重点县的转移支付补助规模，自治区本级和百色市、河池市及片区县、国家扶贫开发工作重点县按当年地方财政收入增量的 20% 以上，贺州、来宾、崇左市和自治区扶贫开发工作重点县按 15% 以上，其他市、县（区）按 10% 以上增列专项扶贫预算。对按固定因素或固定标准分配的民生改善、项目建设、社会保障等领域的专项资金，各级财政要单列出来用于扶贫开发，将当年清理回收存量资金中的可统筹使用资金的 50% 以上用于扶贫开发。行业部门每年安排的涉农项目资金，原则上 50% 以上用来投向贫困县；同时对资金的使用方面提出了明确要求，规定了财政专项扶贫资金的禁止使用情形；对项目管理费安排以及财政涉农资金管理方面提出了要求，要求各县提供扶贫小额信贷风险补偿金。

（四）项目管理

各县要建立脱贫攻坚项目库，项目库外的项目不安排资金、不组织实施。项目库一般以县级脱贫攻坚项目汇总表的形式呈现。在项目审批方面，对于点多面广、投资规模小或建筑结构、施工工艺要求相对较简单的项目，以满足施工条件为基本要求，进一步简化审批环节，缩短工作流程，加快完成前期工作；鼓励实施民办公助、村民自建的项目；对项目资金的拨付进度进行管理；对自治区财政专项扶贫资金实行项目管理制度。县级扶贫部门应当会同同级财政等部门按照项目制管理要求完善项目实施管理制度，做到资金到项目、管理到项目、核算到项目、责任到项目，并落实绩效管理的各项要求。

（五）第一书记与扶贫工作队员

各地对贫困村帮扶的第一书记给予补助，贫困村党组织第一书记和驻村工作队员每个月驻村不得少于 20 天。派驻期间，扶贫工作队员（含工作队队长、工作分队队长）与原单位工作脱钩，选派单位不得对工作队员安排其他工作任务，也不得要求其提前返回单位。因工作或特殊原因需要调整人员的，应由选派单位向同级党委组织部门提出申请，经批准后方可调整。自治区一级选派的工作队员驻村生活补助标准提高到每人每天40元，同时享受每人每月300元的乡镇工作补贴，各地以此为参照执行相关标准。在工作经费安排方面，第一书记选派单位每年为本单位选派的第一书记安排1.5万元的驻村工作专项经费。各县统筹整合本地的脱贫攻坚项目资金，每年为本辖区所有第一书记安排每人5万元以上的驻村帮扶经费，此项经费主要用于信息管理、考察培训、日常办公、基础设施项目以及产业发展项目等。

第三章

凌云县精准扶贫情况

第一节　凌云县扶贫搬迁政策

贫困村多位于石漠化山区，土壤及水资源稀缺，自然条件恶劣，交通闭塞，因此凌云县将移民搬迁作为扶贫工作的重点，大力动员贫困户移民搬迁。

一　第一次、第二次搬迁政策

第一次搬迁政策制定于2014年，凌云县发改委按照《凌云县关于加快推进扶贫生态移民工程的实施意见（2014—2020年）》推行生态搬迁，摸底统计7万余人有搬迁意愿。在精准扶贫工作开展后，凌云县将移民搬迁的对象限制为建档立卡贫困户，按照《凌云县关于加快推进扶贫生态移民工程的实施意见（2014—2020年）》制定了第二次扶贫搬迁方案，对于建档立卡的贫困人口，均可被列为扶贫移民搬迁对象。重点对象主要有三类，一类为居住在深山、石山、高寒地带等生态环境差、不具备基本生产发展条件的地区的农户，二类为居住在生态环境脆弱区的建档立卡贫困人口，三类为经过精准识别需要与贫困户同步搬迁的其他农户。凌云县优先安排偏远山区道路不通、生存条件恶劣、易发生山体滑坡的一类、二类贫困人口，按照三类人口搬迁规模不超过10%的比例分年度实施移民搬迁，三类的同步搬迁户可以共享公共基础设施等服务，但建构房屋资金补助政策只针对建档立卡贫困搬迁户。

搬迁安置点主要为县城及各乡镇共计12个安置点，安置标准是套房面积人均不超过25平方米、户均住房面积不超过90平方米，自建房户均宅地基面积不超过80平方米。补助金额为每人不低于2.4万元，此外，农户还可以申请政府贴息贷款5万~10万元。搬迁户要根据安置点房屋指导价及购房面积缴纳房屋差价，安置点房屋面积一般不超过120平方米，指导价格各不相同，县城安置点平均价格为2000~2200元/平方米，重点城镇安置点价格为1600元/平方米。安置房产权为扶贫移民搬迁户所有，搬迁户所取得房屋的所有权10年内不得转让。第一次搬迁政策保留了迁出户的原宅基地、承包地、山林地等产权。

二 第三次搬迁政策

第二次搬迁政策出台后，经各级干部动员，全县共发动了 3 万人进行贫困人口扶贫搬迁。但 2017 年自治区新下达了凌云县"十三五"扶贫搬迁指标，按照 15703 人的指标红线重新核实了搬迁人数，将部分 2015 年和 2014 年的脱贫户排除出扶贫搬迁对象范围，只保留 2016 年的建档立卡贫困户。最终确定搬迁目标为 15763 人，占全县贫困人口数量的 1/3，其中包括整屯搬迁 199 户 903 人，同步搬迁 11 户 60 人。

根据《中华人民共和国土地管理法》第六十二条"一户一宅"之规定，国土部门 2016 年 2 号文《关于用好用活增减挂钩政策积极支持扶贫开发及易地扶贫搬迁工作的通知》中的"增减挂钩"的政策规定，以及国家发改委 2016 年 2022 号文《关于印发全国"十三五"易地扶贫搬迁规划的通知》中的规定，广西壮族自治区扶贫开发领导小组下达《关于印发〈广西易地扶贫搬迁工作整改方案〉的通知》（桂扶领发〔2017〕10 号），围绕国家有关部门指出的自治区易地扶贫搬迁存在的六个方面[①]的问题，提出了整改意见，调整了相关政策。《广西壮族自治区人民政府办公厅关于做好易地扶贫搬迁拆除旧房有关工作的通知》（桂政办发〔2017〕118 号）提出了对迁出区宅基地等建设用地进行复垦，适宜耕作的土地优先用于补充耕地资源，不适宜耕作的土地要进行生态保护修复。

扶贫搬迁方案由原来的保留原宅基地改为搬迁后拆除旧房、腾退迁出区宅基地等建设用地、宅基地复垦，这导致原本愿意搬迁的一部分贫困户放弃搬迁。搬迁安置点也发生了部分变化，方案重新规划了 17 个安置点，增加了田阳县及百色市共 3 个安置点。

---

① 包括搬迁对象范围、安置住房面积标准、搬迁户自筹标准、资金运作模式、搬迁后续脱贫产业和就业扶持以及搬迁户旧房拆除。

安置点的变化也导致部分贫困户由原本的愿意搬迁改为放弃搬迁。例如泗城镇的后龙村，第二次搬迁政策动员中的安置点主要为乡镇和凌云县县城，第三次搬迁方案的安置点改为田阳县。第三次搬迁方案补助力度加大，贫困户人均只要缴纳2500元即可得到安置房。对于拆除旧房，政府根据旧房质量、宅基地占地面积、复垦价值、拆除时限等给予每户2万~5万元补助。但由于政策变动导致政府公信力下降、基层干部动员工作难以开展，同时，贫困户担心搬迁后失去生活保障、未来返乡困难以及失去原有的承包地及林地，因此搬迁意愿下降。表3-1为凌云县扶贫搬迁政策变化。

目前有3304户共15763人全部签订拆除旧房协议和宅基地复垦协议。已建成安置房1274套，可安置1274户6355人，占全县"十三五"规划安置任务总数的40.3%。目前已完成抽签选房并交付钥匙437套2126人。

表3-1　凌云县扶贫搬迁政策变化

搬迁方案	搬迁安置对象	搬迁条件	补助标准	安置地点	愿意搬迁人数
2014年第一次生态搬迁方案（未施行）	生态环境脆弱区农户	—	—	—	约7万人
2016年第二次扶贫搬迁方案	建档立卡贫困户（包括2014和2015年建档立卡贫困户）、经过精准识别需要与贫困户同步搬迁的其他农户	保留原宅基地、承包地及林地	每人补助不低于2.4万元，根据安置点房屋价格补差价	县城及周边乡镇约14个安置点	约3万人
2017年第三次扶贫搬迁方案	2016年建档立卡贫困户	拆除旧房、宅基地复垦	每人缴纳2500元，无须补差价	县城及周边乡镇和田阳县、百色市共17个安置点	约15万人

资料来源：《凌云县易地扶贫搬迁政策解答》，2016年10月；《广西壮族自治区人民政府办公厅关于做好易地扶贫搬迁拆除旧房有关工作的通知》（桂政办发〔2017〕118号）；《凌云县易地扶贫搬迁新政策解答》，2017年6月。

三 危房改造

根据广西壮族自治区出台的一系列脱贫攻坚政策，以及《凌云县 2016 年农村危房改造暨脱贫攻坚建档立卡贫困户危房改造实施方案》，各地对符合条件的建档立卡贫困户（危房等级为 B、C、D 中的一种或无房户）进行危房改造，目前的基本补助标准为：中央和自治区本级户均补助标准为 23000 元；市级配套户均补助标准为 1500 元；县级配套可根据本县财力情况确定，原则上户均补助标准为 2000 元。各县（市、区）应根据自治区的补助标准，以精准识别分数为基准，按极端、特别、中等、一般 4 个贫困等级制定具体的差异化补助标准，严禁"平均"或"普惠"等行为。对列入维修加固的农村危房，由县级危改部门结合本县（市、区）实际制定分类补助标准，但最高补助标准不宜高出本县拆除重建或新建的农村危房改造户均补助的 50%。

原则上改造后的住房建筑面积要在人均 13 平方米以上；五保户的建筑面积宜控制在 40 平方米以内；3 人以下（含）农户的建筑面积原则上控制在 60 平方米以内；4 人以上（含）农户的人均建筑面积原则上不得超过 18 平方米；无资金自筹能力的农户的建筑面积宜控制在 60 平方米以内；纳入农村危房改造维修加固范畴的农户，其建筑面积不受上述限制。

四 整屯搬迁

《广西壮族自治区人民政府办公厅关于加强贫困地区

整屯（自然村）搬迁工作的意见》（桂政办发〔2017〕119号）进一步明确了贫困地区整屯搬迁的范围、条件及基本要求，以及整屯搬迁人口建房自筹资金标准和资金筹措办法。

整屯搬迁原则上要符合以下条件：一是拟搬迁屯的交通、饮水、电力等基础条件差，或者居住环境恶劣、地处国家主体功能区规划中的禁止或限制开发区、地方病严重、地质灾害频发等"一方水土养不起一方人"的情形；二是拟搬迁屯的贫困发生率在50%以上（含50%）、集中居住50户以下（含50户）、50%以上（含50%）的群众愿意搬迁。

各有关市、县（区，以下统称"县"）在实施整屯搬迁过程中需要增加建档立卡搬迁人口的，要相应缩小非整屯搬迁建档立卡人口规模。各有关市可对其所辖各县的建档立卡搬迁人口规模进行调剂，但全市建档立卡搬迁人口规模原则上不得突破原下达的控制性指标。整屯搬迁的非建档立卡搬迁人口比例不受《广西易地扶贫搬迁"十三五"规划》要求的"原则上不超过本地建档立卡贫困人口搬迁规模10%"的限制。拟实施整屯搬迁的屯原则上不再安排基础设施和公共服务设施建设项目。

各地区对建档立卡搬迁人口和非建档立卡搬迁人口制定不同的建房自筹资金标准。一类地区即国家扶贫开发工作重点县、滇桂黔石漠化片区县（不含滇桂黔石漠化片区"天窗县"），每人自筹资金不超过0.25万元。二类地区即自治区扶贫开发工作重点县、滇桂黔石漠化片区"天窗县"和享受待遇县，每人自筹资金不超过0.3万元。三类地区即其他面上县，每人自筹资金不超过0.35万元。对于确实无力自筹资金的鳏寡孤独等特别贫困户，经县级扶贫开发领导小组研究同意后可免除其自筹部分。非建档立卡搬迁人口的自筹资金标准分别为 1.25 万元、1.3 万元、1.35 万元。

第二节　产业及就业创业扶贫情况

一　产业扶贫

2017 年，凌云县县级财政统筹整合各类涉农资金 4.3 亿元，用于投资基础设施建设及产业扶持。目前来看，凌云县县域范围内种植茶叶约 11.2 万亩，种植油茶 25 万亩，桑园约 7 万亩，平地种植烟叶约 0.8 万亩。凌云县根据自身资源优势及产业基础，把生态旅游、茶叶、桑蚕、油茶、碳酸钙、山泉水等特色产业作为脱贫的主导产业。在特色农业方面，凌云县做大茶叶、油茶、桑叶"三张叶子"，打造"凌云白毫"地理标志商标。2017 年出台了《2017 年深圳市帮扶凌云县集中标准化大蚕房项目建设方案》，整合资金 1553.3 万元以改善桑园基础设施条件，完成新种桑园面积 6869 亩；同年出台的《凌云县 2017 年深圳帮扶油茶低改林改造项目实施方案》推动了油茶产业提质增量，新种油茶 0.5 万亩，低改油茶 2.5 万亩。在生态旅游方面，凌云县推动了凌云古城、环浩坤湖山水生态体验区以及茶山金字塔项目的发展。

凌云县统筹县级财政资金，针对贫困户产业发展，推出建档立卡贫困户到户产业扶持以奖代补政策，以先建后补、以奖代补的方式，对农村建档立卡贫困户奖补资金每户补助标准为不超过3500元，且两年内只能享受一次补助。奖补项目包括种植项目、低产改造项目及养殖项目。表3-2为凌云县建档立卡贫困户到户产业扶持以奖代补政策的具体情况。

表3-2　凌云县建档立卡贫困户到户产业扶持以奖代补政策

类目	品种	规模	补助标准
种植项目及奖补标准	杂交水稻、良种玉米、高产红薯	新种1亩以上	200元/亩
	杧果、牛心李、柑橘、枇杷等	新种1亩以上，每亩不低于50株，成活率85%以上	300元/亩
	百香果、火龙果、葡萄	新种1亩以上，每亩不低于100株，成活率85%以上	500元/亩
	竹、木	新种1亩以上，每亩不低于50株，成活率85%以上	300元/亩
	油茶、核桃	新种1亩以上，油茶每亩不低于110株，核桃每亩40株，成活率85%以上	300元/亩
	茶叶、桑叶	茶叶每亩不低于4000株，桑叶每亩不低于1000株，成活率85%以上	500元/亩
	中药材	新种1亩以上，成活率85%以上	500元/亩
低产改造项目及奖补标准	油茶、八角、茶叶、水果、杉树等经济林木	低改1亩以上，要求做到除草、防虫、修枝	200元/亩
养殖项目及奖补标准	鸡、鸭	验收时单只重1公斤以上	10元/只
	羊	—	200元/只
	猪	—	200元/头
	牛、马	—	500元/头（匹）
	竹鼠、豚狸、肉兔	—	20元/只
	石蛙	单只重50克以上	2元/只
	豪猪	—	100元/头
	鱼	建有鱼塘0.5亩以上并养殖的	2000元/亩

资料来源：《凌云县2017年建档立卡贫困户到户产业扶持以奖代补实施方案》，凌脱指办发〔2017〕14号。

此外，对于建档立卡贫困户免交政策性农业保险费用的优惠政策，其免交的保费由自治区财政承担。

二　就业创业扶贫

凌云县针对贫困户外出务工推出以奖代补方案，整合中央和自治区切块分配的财政扶贫资金以及市财政专项扶贫资金、县级配套资金，由扶贫办按照全县贫困户劳动力资源规模进行预算筹集，对外出务工 6 个月及以上且每人月均收入超过 2000 元的贫困户（包括 2014、2015 年的退出户及 2016 年的建档立卡贫困户），给予每户每月 100 元奖励，每户每年最高奖励不超过 1200 元。

凌云县针对建档立卡贫困户中新注册个体工商户并正常经营 1 年以上的，给予不低于 1 万元的一次性创业补贴，补贴所需资金由市、县根据当年财政扶贫资金及扶贫产业发展基金统筹安排。各地结合实际打造乡村公益性岗位，优先吸纳建档立卡贫困户家庭劳动力就业，按规定给予其岗位补贴和社会保险补贴，补贴所需资金由县级人民政府统筹安排。

三　金融扶贫

凌云县为贫困户提供扶贫小额信贷。对于已经获得扶贫小额信贷的建档立卡贫困户 5 万元以下、3 年以内（含 3 年）的信用贷款给予免抵押、免担保、按基准利率由财政全额贴息的福利。若贫困户利用扶贫小额信贷资金进行合作或委托经营，则合作期限和收益分红比例以双方签订的协议为准，但原则上收益分配期限不低于 5 年，前 3 年每年按照不低于合作或委托经营资金 8% 的比例分配给贫困户，后 2 年（贷款收回后）视经营主体的经营状况适当增减，但仍享受每年不低于 3% 的收益分配比例。

第三节 教育扶贫情况及政策

一 义务教育补贴

凌云县针对县域内的建档立卡贫困户子女，实施 15 年免费教育政策，即免除学前教育保教费，实施普通高中免除学杂费，逐步分类推进中等职业教育免除学杂费。

自 2017 年起，凌云县对于在全县义务教育阶段寄宿制学校含城市、民办就读的家庭经济困难寄宿生，给予小学生每人每年 1000 元、初中生每人每年 1250 元的补助。

二 雨露计划补贴

凌云县对 2017 年参加全日制本科学历教育并取得学籍的建档立卡新生（不含预科生）给予一次性补助 5000

元/人；对参加中、高等职业学历教育的建档立卡学生每学期补助 1500 元/人，按学制年限补助；对就读于广西右江民族商业学校扶贫巾帼励志班的建档立卡女学生给予每学期 2000 元/人的补助；对于就读于两广协作学院 [①] 的建档立卡学生，广西壮族自治区每学期补助 1500 元/人，广东每学年补助 3000 元/人，补助一、二年级。

凌云县对 16~60 周岁、有劳动能力的参加扶贫部门主办的 1~3 个月的短期技能培训的建档立卡扶贫对象，分三档进行补贴，A 类 3500 元/人，B 类 3000 元/人，C 类 2500 元/人，按照获得职业资格证的学员人数结算培训经费。若参加扶贫部门以外的单位主办的技能培训并获得职业资格证的，准入类职业资格证奖励 800 元/人，水平评价类职业技能资格奖励 A 类 1000 元/人、B 类 800 元/人、C 类 600 元/人。参加农业生产经营的贫困户每人每天可获得补助 50 元。

三 两后生职业培训专项计划

在建档立卡贫困户家庭中，15~22 周岁、未婚、未能继续升学的初中和高中毕业生对于技工院校对帮扶贫困家庭两后生职业培训专项计划，参加为期一个学年（10 个月）的中期就业技能培训，符合条件的按规定给每名学员补贴 1.2 万元，参加 2 个月以内短期就业技能培训，符合

---

① 两广协作学院并非指某一特定学院的名称，而是在"两广"对口帮扶职业教育协作范围内的职业技术学院的统称。

条件的每名学员可获补贴 720~1500 元，参加为期 70 个学时的创业培训，每名学员可获补贴 780~1300 元。

四 中高等教育补助

凌云县对中等职业学校全日制一、二年级的贫困地区学生平均每人每年补助 2000 元。此外，还有高等学校国家助学金、普通高中国家助学金、家庭经济困难大学新生入学补助等补贴。

第四节 最低生活保障制度

《凌云县农村最低生活保障制度与扶贫开发政策有效衔接工作实施方案》规定，"将符合条件的建档立卡贫困家庭全部纳入农村最低生活保障范围，提高农村最低生活保障对象与贫困人口的重合率；将符合条件的农村最低生活保障家庭统筹纳入产业扶持、异地搬迁、生态保护、教育扶持、医疗保障、资产收益以及社会扶贫等政策覆盖范围。同时，通过逐年提高全县农村最低生活保障标准和补助水平，确保到 2018 年农村最低生活保障保障标准与扶贫标准实现'两线合一'"。《凌云县人民政府办公室关于印发凌云县农村居民最低生活保障管理试行办法的通知》

指出，"通过分类施保，切实保障农村最低生活保障家庭基本生活。一是将完全丧失劳动能力或生活自理能力，家庭生活常年陷入困难的特别困难家庭，列为重点保障户（A类）；二是因年老、残疾、患重特大疾病或长期慢性病等原因，部分丧失劳动能力或生活自理能力，家庭人均收入低于当地最低生活保障标准且家庭财产符合有关规定的比较困难家庭，列为基本保障户（B类）；三是因其他原因造成家庭人均收入低于当地保障标准且家庭财产符合有关规定的一般困难家庭，列为一般保障户（C类）。对于纳入最低生活保障范围的建档立卡贫困户，视其家庭困难情况适当提高补助水平。对于A类和B类农村最低生活保障对象以最低生活保障救助为主；对于C类最低生活保障对象应以扶贫帮扶和就业扶持为主，鼓励其通过发展产业、自主就业和扶持就业，逐步退出农村最低生活保障范围"。

第四章

初化村贫困现状

第一节 初化村概况

初化村位于凌云县伶站瑶族乡东部，距离县城 44 公里，距离乡所在地 14 公里。全村人口分布在 13 个自然屯，主要居住了壮、汉、瑶三个民族；具有劳动能力的人口有998 人，占总人口的 54%，其中具有初中及以上文化程度的劳动人口有 81 人，仅占具有劳动能力人口的 8.1%。

初化村全村总面积 24480 亩，地理环境主要为半石山、半土山，平地少，海拔最高 1100 米，可耕地面积仅 1822亩，仅占全村总面积的 7.4%，人均耕地面积不到一亩。其中水地 348 亩，旱地 1474 亩。经济作物主要有松树、杉树、桉树、油茶等，种植杉木 5500 亩、油茶 3800 亩、八角 700 亩、松树 1500 亩。全村生产生活用水主要依靠水柜收集雨水，生活饮水问题基本解决，但灌溉用水和耕地资源十分匮乏。图 4-1 为初化村基本面貌。

图 4-1 初化村基本面貌

（黄乃鑫拍摄，2017 年 3 月）

据 2016 年初的统计，初化村共有 415 户，共 1851 人。2015 年全村建档立卡贫困户 215 户，共 977 人，贫困发生率为 52.78%，贫困家庭年人均收入 2280 元。

第二节 调查样本基本情况

课题组在初化村开展农户问卷调研时，共获取 39

份有效问卷。其中 31 份为贫困户问卷，8 份为非贫困户问卷。

一 社会人口学特征

39 个调查样本全部为瑶族人口，样本中共有 35 位男性，4 位女性；年龄最大的是 65 岁，最小的是 23 岁；36 个为农业户籍，3 个为城镇居民户籍；31 位已婚，2 位未婚；文盲占 20.5%，小学文化程度占 71.8%，初中文化程度占 7.7%。在 39 个样本中，共有 2 名村干部，其余 37 人均为普通村民。参加新农合的样本数为 38 个，参加城乡居民基本养老保险的样本数为 32 个。

二 健康状况

样本中 66.7% 的人身体较健康，28.2% 的人患有长期慢性病，5.1% 的人患有残疾。2016 年参加过体检的样本仅有 7 个，占有效样本的 17.9%。

在 39 个调查样本中，家中身体不健康的人数总数为 40 人。其中不健康人数少于 1 人的有 12 户，占比 33.3%；家中身体不健康人数为 1 人的占比 35.9%；家里患病人数为 2 人及以上的占比 30.8%。

在患病成员中，所患疾病较严重的人数为 13 人，占比为 32.5%；疾病严重程度一般的有 25 人，占比为 62.5%。家中患病人口于 2016 年发病或需要治疗的有 27

人，占比为 67.5%，其中有 3 户没有治疗，未治疗原因是经济困难和病情严重。

在选择治疗的样本中，自行买药的有 9 户，门诊治疗的有 13 户，住院治疗的有 7 户。[①] 在有治疗费用（含报销部分）的 21 个样本中，治疗费用最高的为 20000 元，最低的为 110 元，平均花费 3190 元。有 8 人为全部自费，其中自费部分最高的为 11000 元，最低的为 10 元，平均自费 2407 元。

三 劳动状况、土地和农业生产状况

有劳动能力的样本数量为 27 个，占比 69.2%；仅有 1 人为技能劳动力；28.2% 的样本丧失劳动力。2016 年在家时间为 3 个月以下的样本占比 23.1%；在家 3~6 个月的占比 12.8%；6~12 个月的占比 64.1%。总体来看，初化村的长期外出的村民所占比例较低。

对家庭主要劳动力 2016 年劳动时间的调查数据显示，在 39 个有效样本中，2016 年劳动时间最长的为 360 天，最短的为 20 天，平均劳动时间 177 天；实际务农的人数有 15 人，纯农户 9 人，兼业农户 6 人，从事非农劳动的人数为 30 人，完全脱离农业的有 24 人。

样本中只有 8 户的农业经营收入大于 0。在从事非农劳动的 30 个样本中，29 人有工资性收入，2016 年从事非农劳动收入最高的为 30000 元，最低的为 2000 元。其中

---

① 此处治疗方式可以多选，所以总数加起来超过 19 户。

27 户家庭收入主要来自工资性收入；有 7 户家庭收入主要来自农业收入。在样本中，9 人有医疗保险，8 人有养老保险，10 人有工伤保险，所有样本均无失业及生育保险。表 4–1 为样本农户主要劳动力劳动情况。

表 4-1　初化村样本农户主要劳动力劳动情况

单位：人

项目	本地自营农业	在本地打零工	本乡镇内固定就业	县内镇外打工或自营	省内县外打工或自营	省外打工或自营
全部农户	15	4	2	4	18	3
兼业农户	—	1	1	0	4	0

资料来源：精准扶贫精准脱贫百村调研 – 初化村调研。

说明：由于选项有重合，样本总数大于 39；本书统计表，除特殊标注外，均来自初化村调研。

在本乡镇内务工的样本有 5 个，占比 12.8%；在县外省内务工的样本比例为 38.5%。务工时间为 3 个月以下的占比 23.1%，务工时间为 3~6 个月的占比 20.5%，务工时间为 6~12 个月的占比 7.7%。59.0% 的务工人员主要将务工收入带回家。

由于初化村耕地稀少，其所生产的农产品全部自用，没有用于销售，因此暂时没有面临农产品卖出难的问题。

在 39 户样本中，家庭拥有有效灌溉耕地的有 24 户，最多的为 0.4 亩，最少的为 0.1 亩，户均有效灌溉耕地仅 0.3 亩，其中有 19 户自我经营，其余 5 户放弃经营；家庭拥有旱地的样本为 36 户，面积最大的为 4.5 亩，最小的为 0.2 亩，户均旱地 0.9 亩，其中有 30 户自我经营，其余 6 户放弃经营；家庭拥有林地的有效样本为 31 户，面积最大的为 5.5 亩，最小的为 0.3 亩，户均林地 2.2 亩，有 26 户自我经营，其余 5 户放弃经营。

四　基础设施及住房状况

39 个有效样本中只有 2 个样本拥有 2 处住房，其余样本均只有 1 处住房。楼房占比 42.6%，平房占比 56.4%，2 户为危房。房屋结构以砖混结构和钢筋混凝土为主。

在生活设施方面，目前 41.0% 的样本农户没有取暖设施，51.3% 的样本农户依靠土炕取暖；仅有 5.1% 的样本农户有沐浴设施；柴草仍然是初化村村民的主要炊事用能源，占比 84.6%；初化村拥有厕所的样本农户比例仅为 15.4%，其中 5.1% 为传统旱厕，仅有 7.7% 为卫生厕所，84.6% 的样本农户没有厕所。在生活垃圾的处理上，58.9% 的样本农户选择丢在垃圾池中，30.8% 的样本农户选择定点堆放，2.6% 的样本农户选择随意丢弃处理，7.7% 的样本农户选择焚烧。

初化村饮水困难问题仍然比较突出，当年连续缺水超过 15 天的样本农户占 71.8%；仍然没有供水管道的农户占比接近 90%；89.7% 的农户依靠收集雨水获取饮水来源，5.1% 和 2.6% 的样本农户以河水和泉水为饮水来源（见表 4-2）。

表 4-2　初化村调查样本生活设施及居住情况

单位：%

房屋结构	砖瓦砖木	砖混结构	钢筋混凝土	水泥砖
	2.6	47.4	39.5	10.5
取暖设施	无	土炕	炉子	柴草
	41.0	51.3	2.6	5.1
沐浴设施	无	有	—	—
	94.9	5.1	—	—

入户道路	泥土路	砂石路	水泥路	—
	28.2	43.6	28.2	—
炊事用能源	柴草	电	—	—
	84.6	15.4	—	—
厕所	无厕所	传统旱厕	卫生厕所	其他
	84.6	5.1	7.7	2.6
饮水困难	当年连续缺水超过15天	无供水管道	—	—
	71.8	89.7	—	—
饮水来源	收集雨水	河水	泉水	其他
	89.7	5.1	2.6	2.6
生活垃圾	垃圾池	定点堆放	随意处理	焚烧
	58.9	30.8	2.6	7.7

在公共服务设施方面，初化村虽已全部接通广播电视信号，但尚未接通宽带互联网，手机信号不稳定，部分地区只有移动可用，联通、电信无信号，若遇雷、风、雨等天气，通信讯号就会中断。初化村现仍缺少村级公共服务中心、戏台、活动室等公共服务设施。课题组在2017年3月初次调研时，通屯道路尚未全部修建好；2017年11月二次调研时，通村道路与通屯道路已经基本修好（见图4-2、图4-3）。在调查样本中，距离最近的硬化路平均463米，距离最远的硬化路平均1.3公里。调查样本的住房满意度偏低，近90%的调查对象对其住房不满意（见表4-3）。

表4-3　初化村样本农户住房满意度

单位：%

项目	非常满意	比较满意	一般	不太满意	很不满意
住房满意度	0	2.6	7.7	71.8	17.9

图 4-2　初化村修路前

（黄乃鑫拍摄，2017 年 3 月）

图 4-3　初化村修路后

（刘亚辉拍摄，2017 年 11 月）

五 收支状况

目前初化村的温饱问题已经解决，2016 年没有挨饿的情况发生。

2016 年家庭纯收入统计数据显示，样本中有 3 户人不敷出，纯收入为负数；家庭年纯收入最高的为 113600元，最低的为 -2040 元，平均为 28824 元。2016 年的样本中有 37 户有工资性收入，最高的为 75000 元，最低的为 2000 元，平均为 23325 元；30 个样本有农业经营收入，平均为 3383 元；只有 1 户有财产性收入；只有 2 户有赡养性收入；20 户有最低生活保障收入，最少的为 1500 元，最高的为 14400 元，平均为 7562 元；9 户有养老金收入，平均为 2776 元；15 户有补贴性收入。

从对收入状况的主观评价来看，超过九成的样本农户对家庭收入不满意，61.5% 的样本农户认为家庭收入较低，28.2% 的样本农户认为家庭收入很低（见表 4-4）。

表 4-4 初化村样本农户收入状况主观评价

单位：%

家庭收入满意度	非常满意	比较满意	一般	不太满意	很不满意
	0	0	7.7	71.8	20.5
家庭收入状况自评	收入很高	收入较高	一般	收入较低	收入很低
	0	0	10.3	61.5	28.2

统计数据显示，2016 年样本家庭平均总支出 17311 元，平均食品支出 11545 元；食品支出占总支出的比例最高的达到 96%，平均恩格尔系数为 60.59%。

在报销后医疗费用支出的 17 个样本中,平均医疗费用支出 2389 元。样本中 28 户有教育支出,平均支出 1699元。37 户有礼金支出,最高的支出 10000 元,最少的为1000 元,平均礼金支出 3330 元。2016 年底只有 2 户家庭有存款,28 户有贷款或借款,最少的贷款或借款金额为1500 元,最多的为 9 万元。

六 生活状况主观评价

总体来说,调查对象对现在的生活状况满意度较低,只有 10.3% 的调查对象对目前生活状况感到满意,61.5% 的调查对象对目前生活状况感到不满意。74.4%的调查对象昨天幸福程度为一般,15.4% 的调查对象感觉不幸福,只有 10.3% 的调查对象感觉比较幸福(见表 4-5)。

表 4-5 初化村样本农户生活状况主观评价

单位:%

	非常满意	比较满意	一般	不太满意	很不满意
对现在的生活状况满意度	非常满意	比较满意	一般	不太满意	很不满意
	2.6	7.7	28.2	53.8	7.7
昨天幸福程度	非常幸福	比较幸福	一般	不太幸福	很不幸福
	0	10.3	74.4	7.7	7.7

七 社会比较

在现实生活中,个体通常会将自己的能力、境况、观点与他人进行比较。社会比较和某些心理特征之间会产生化学反应，从而对个体主观生活质量产生潜移默化的影响。个体对于生活幸福感的判断会受到过去的生活状况、未来的预期生活状况以及与亲朋好友及同村人口对比的影响。从纵向比较维度来看，样本中89.8%的调查对象认为自己现在的生活状况比5年前好，10.3%的调查对象认为目前生活状况与5年前差不多，没有人认为现在的生活状况比5年前差。在对未来生活的预期方面，30.8%的调查对象认为未来无法预期，41.0%的调查对象对未来生活的预期持乐观态度。从横向比较维度来看，样本中61.5%的调查对象认为自己的生活状况比亲朋好友差，35.9%的调查对象认为自己的生活状况与亲朋好友差不多，仅有2.6%的调查对象认为自己的生活状况比亲朋好友好。与同村人相比，79.5%的调查对象认为自己的生活状况比同村人差，仅有2.6%的调查对象认为自己的生活状况比同村人好，17.9%的调查对象认为自己的生活状况跟同村人差不多（见表4-6）。

表4-6　初化村调查对象社会比较情况

单位：%

项目	好很多	好一些	差不多	差一些	差很多	不好说
与5年前相比	7.7	82.1	10.3	0	0	0
5年后会怎样	0	41.0	28.2	0	0	30.8
与亲朋好友相比	2.6	0	35.9	41.0	20.5	0
与本村人相比	2.6	0	17.9	12.8	66.7	0

八 对扶贫政策的评价

扶贫政策是否公平，直接关系到扶贫工作的成效。在调查中让调查对象对村庄内部贫困户的选择、村庄扶贫项目的安排、扶贫效果等进行评价，12.8% 的调查对象认为本村贫困户的选择合理，23.1% 的调查对象认为不太合理；12.9% 的调查对象认为本村安排的扶贫项目合理，41.9% 的调查对象认为一般，35.5% 的调查对象认为项目安排不太合理；对于本村目前的扶贫效果，38.7% 的调查对象认为效果一般，38.8% 的调查对象认为效果不好，仅有 9.6% 的调查对象认为目前扶贫效果挺好。

对于建档立卡贫困户来说，56.7% 的贫困户认为为本户安排的扶贫措施合理性一般，23.3% 的贫困户认为不合理，只有 3.3% 的贫困户认为安排较合理。对于贫困户本户的扶贫效果，50.0% 的贫困户认为效果一般，36.7% 的贫困户认为效果不好，仅有 10.0% 的贫困户认为效果比较好（见表 4-7）。

表 4-7 初化村样本农户对扶贫政策的评价情况

单位：%

项目	非常好	比较好	一般	不太好	很不好	说不清
本村贫困户的选择是否合理	2.6	10.2	43.6	23.1	0	20.5
为本村安排的扶贫项目是否合理	3.2	9.7	41.9	35.5	0	9.7
本村目前为止扶贫效果如何	6.4	3.2	38.7	35.5	3.3	12.9
为本户安排的扶贫措施是否合理	0	3.3	56.7	23.3	0	16.7
本户目前为止扶贫效果如何	0	10.0	50.0	33.4	3.3	3.3

九 公共事务参与、社会交往与家庭关系

本人或者家人参加过最近一次村委会投票的只有9户，占比23.1%；没参加过的有18户，占比46.2%；不知道的有12户，占比30.8%（见表4-8）。

表4-8 初化村样本农户村庄公共事务参与情况

单位：%

项目	参加了	未参加	不知道
你或家人是否参加了最近一次村委会投票	23.1	46.2	30.8
你或家人在去年是否参加了村委会召开的会议	15.4	48.7	35.9
你或家人在去年是否参加了村民组召开的会议	17.9	43.6	35.9
你或家人是否参加了最近一次乡镇人大代表投票	12.8	51.3	35.9

初化村村庄公共活动较少，目前没有文化娱乐及其他类型的组织。

在家庭关系方面，2016年与配偶在一起时间少于30天的样本有19个，占比48.7%；与配偶在一起时间超过3个月的样本有13个，占比33.3%。夫妻信任程度打分中的"非常信任"的样本数为26个，占比66.7%；"比较信任"的样本有4个，占比10.3%；"不太信任"的样本为2个，占比5.1%。夫妻之间遇到大事都会商量的样本有29个，占比77.4%，很少商量和不商量的比例合计7.7%。对目前婚姻状况非常满意的样本有17个，占比43.6%；比较满意的样本有13个，占比33.3%；一般和不满意的样本数合计为2个，占比5.1%。与不住在一起的子女联系频率"每周至少一次"的样本数为25个，占

比 64.1%；每月联系一次的样本有 2 个，占比 5.1%；其余为"不适用"或空缺样本。养老主要依靠子女的样本为 34 个，占比 87.2%；依靠个人积蓄的仅 1 人。认为自己养老有保障的共 5 个样本，其余的有 33 个样本说不清，1 个样本认为没有保障。

当临时有事或急用钱时，直系亲属仍然是初化村农户寻求帮助的主要对象，占比 94.9%；若直系亲属帮不上忙，会寻求其他亲戚帮助的占比 71.8%；最后为寻求邻居或老乡的帮助，占比 15.4%。在样本农户中，其亲戚中有干部的农户有 7 户，占比 17.9%。

第三节　初化村致贫原因分析

造成贫困的原因有很多，国内外有大量文献对其进行了相关研究。除国家或地区层面的经济、基础设施、教育、环境、社会因素、种族歧视、自然灾害、战争、政府腐败和管理混乱等因素之外，也有个体方面的原因。

调查对象自身对于贫困原因的选择结果显示，交通落后以及缺土地是最主要的致贫原因，分别占 46.2% 和 41.0%；其次为自身动力不足、缺劳力、缺技术以及生病，分别占 30.8%、28.2%、25.6% 以及 20.5%（见表 4-9）。

表 4-9 初化村样本农户最主要的致贫原因及其占比

单位：%

缺技术	生病	残疾	上学	缺土地	缺水	缺劳力	缺资金	交通落后	自身动力不足
25.6	20.5	7.7	10.3	41.0	12.8	28.2	12.8	46.2	30.8

一 交通基础设施落后

交通基础设施对于经济的拉动作用不言而喻。改革开放以来，人们愈发认识到交通的重要性，学术界对于交通基础设施对经济发展和改善贫困的重要作用也形成了共识，如樊胜根等研究了十三项影响农业生产率和降低贫困率的因素，发现增加基础设施建设尤其是交通基础设施对于降低贫困率、提高农业生产率的作用显著。[①]林毅夫指出，农村基础设施建设将长期拉动农村经济增长，促进社会事业进步，进而推动国家经济的发展。任晓红、张宗益通过把交通基础设施变量引入传统新经济地理学模型，得出改善交通基础设施水平对于农村居民收入提高的效果远远大于城市居民。[②]李文对道路建设对贫困地区农民收入的影响进行评估，结果显示道路建设对不同农户群体带来的效应不同，贫困户受益更为明显。[③]高颖、李善同将基础

[①] 樊胜根、张林秀、张晓波：《经济增长、地区差距与贫困》，中国农业出版社，2002。
[②] 任晓红、张宗益：《交通基础设施、要素流动与城乡收入差距》，《经济与金融》2013年第2期。
[③] 李文：《运用匹配法对农村道路建设减贫效果的评估》，《农业经济问题》2008年第8期。

设施建设减缓贫困的可能渠道纳入 CGE 模型中，模拟分析发现，降低转移成本、提高农村转移劳动力在城市中的就业率是促进基础设施发挥减贫作用的关键环节。[1] 汪三贵、王彩玲发现，位于西部地区贫困村的农户、公路可获得性更差的贫困村农户和通信状况良好的贫困村农户的劳动力迁移受公路基础设施可获得性的影响更大。[2] 刘生龙和周绍杰运用家庭调查数据研究了道路可获得性对贫困的影响，结果发现，当一个家庭到最近的道路所花费的时间越短时，家庭陷入贫困的可能性越低，家庭收入越高。[3]

对于交通基础设施对改善贫困的作用机制，一般是从劳动力迁移和信息交流等角度进行分析。劳动力迁移的推拉理论认为影响迁移的因素有四种：迁出地因素、迁入地因素、中间障碍因素和个人特征因素。其中，交通条件可以看作是影响劳动力迁移的中间障碍因素。如果劳动力所处地区发展落后，就业机会较少，外出务工可能会比在家从事农业活动获得更多的收入，但由于中间障碍因素的存在，没有选择迁移的农民，可能是因为其所处村庄封闭落后，与外界接触机会少，获取外界信息渠道有限而导致其被动地无法迁移。对于农村劳动力迁移来说，良好的交通条件意味着外出成本的降低以及外出机会的增多，交通基

---

[1] 高颖、李善同:《基于 CGE 模型对中国基础设施建设的减贫效应分析》,《数量经济技术经济研究》2006 年第 6 期。

[2] 汪三贵、王彩玲:《交通基础设施的可获得性与贫困村劳动力迁移——来自贫困村农户的证据》,《劳动经济研究》2015 年第 6 期。

[3] 刘生龙、周绍杰:《基础设施的可获得性与中国农村居民收入增长——基于静态和动态非平衡面板的回归结果》,《中国农村经济》2011 年第 1 期。

础设施可获得性的增强会改变流动迁移的比较成本和比较收入，增加在家务农的机会成本，从而增强农业劳动力外出打工的意愿，进而增加农村劳动力的迁移数量。[①] 从信息交换的角度来看，便捷的交通为当地与外界建立了沟通与交换的纽带，交通状况良好的地区能够快速了解外部信息，获得更多的发展机遇，降低生产和生活成本，刺激当地非农经济和非农服务的发展，为贫困人口提供更多非农就业机会，使贫困人口的就业结构和收入来源多样化，同时也能够改善当地医疗教育和其他社会服务质量，最终达到减少贫困人口的目的。

初化村位于群山之间，距离县城44公里，距离乡所在地14公里，交通闭塞，村民出行困难，这就导致劳动力转移成本高、对外界信息获取不便，当地贫困村民外出务工的数量较少，只能靠天吃饭、以农业为生。

二 自然资源环境限制

自然环境是人类生存的自然界，是作为生产资料和劳动条件的土壤、气候、水及生物等各种自然条件的总和。近年来，在扶贫政策的大力推行下，我国扶贫力度不断加大，整体上取得了十分明显的效果，中国农村贫困已不再是由国家经济总体欠发达、制度和政策缺失等带有普遍性的因素造成的表面贫困，取而代之的是由特殊的区域环境、生产条件以

---

① 盛来运：《中国农村劳动力外出的影响因素分析》，《中国农村观察》2007年第3期。

及人口素质等一系列带有明显地域性特征的约束条件导致的"点上的"贫困。[①] 如果抛开制度、政策、资本、教育、人力资源等诸多经济社会因素的影响，自然地理环境的贫困效应，即自然地理环境不利制约经济发展、导致贫困，仍然是一个至关重要、不可回避的现实问题。自然条件制约仍然是导致农村贫困发生的主要因素之一。由于绝大多数农村贫困人口居住在自然条件恶劣、自然资源匮乏、生态环境脆弱且受到严重破坏的地区，因此，贫困问题还是一个生态环境问题。[②] 根据 Gallup et al. 的研究，交通、农业生产力和疾病均受到自然地理环境的影响，尤其是当农业占经济的主导地位时，地理条件是经济发展最根本的制约因素。

凌云县地理环境复杂，其贫困的发生具有明显的地理环境约束特征，更容易陷入农村贫困与生态环境恶化的恶性循环。凌云县生态环境退化严重，岩石大面积裸露、土层薄、土壤总量少、植被覆盖率低，旱涝、冰冻、霜雪、暴雨、冰雹等气候灾害和崩塌、滑坡、泥石流等地质灾害频繁发生，农作物不能保证稳产高产，因灾返贫问题十分突出。统计数据显示，初化村 2016 年农业遭受自然灾害发生财产损失的样本为 21 个，占比 53.8%，平均损失额为 595 元。凌云县水土流失加剧，耕地零星分散，人均耕地极少，可种植粮食作物的土地大多分布在坡度 25° 以上的坡地上，同时面临人口密度大、贫困人口相对集中的问题，人地矛盾十分突出。初

---

① 曲玮等:《自然地理环境的贫困效应检验——自然地理条件对农村贫困影响的实证分析》,《中国农村经济》2012 年第 2 期。

② 安树民、张世秋:《中国西部地区的环境——贫困与产业结构退化》,《预测》2005 年第 1 期。

化村全村总面积 24480 亩，地理环境主要为半石山、半土山，平地少，海拔最高 1100 米，可耕地面积仅 1822 亩，仅占全村总面积的 7.4%，人均耕地面积不到一亩。在调研的 39 户样本中，家中拥有有效灌溉耕地的有 24 户，耕地面积最多的为 0.4 亩，耕地面积最少的为 0.13 亩，户均有效灌溉耕地面积仅 0.25 亩。

此外，初化村水资源稀缺。虽然该村属于降水充沛地区，但由于喀斯特地貌地表渗漏严重，当地农户大多依靠收集雨水获取水源，饮水不安全的人口极多。调研发现，初化村饮水困难问题仍然比较突出，当年连续缺水超过 15 天的样本农户占 71.8%，仍然没有供水管道的农户占比接近 90%，89.7% 的农户依靠收集雨水获得饮水来源，5.1% 和 2.6% 的样本农户以河水和泉水作为饮水来源。图 4-4 为初化村收集水源前后对比情况。

图 4-4　初化村收集水源前后对比情况

（刘亚辉拍摄，2017 年 11 月）

三 基础设施薄弱、公共服务均等化程度极低

受地理环境的影响，凌云县所在地区的地表崎岖破碎、地表起伏大，多高山和大石山，这就导致其交通、水利、文化、教育、卫生等基础设施建设以及公共服务支出成本高。

除了交通方面的劣势外，在公共服务设施方面，初化村目前也面临许多问题。初化村虽已全部接通广播电视信号，但尚未接通宽带互联网，手机信号不稳定，部分地区只有移动可用，联通、电信无信号，若遇雷、风、雨等天气，通信讯号就会中断。在医疗方面，初化村已经建好一个卫生室，但由于未招募到医务人员而无法正常营业、提供医疗服务。在教育方面，初化村内仅有 1 所小学。小学的基础设施如校舍、食堂、宿舍较完善，但只有1~4年级，全校仅 4 名老师。为吸引优秀教师，凌云县提高了贫困村教师的薪资水平，但由于交通不便、医疗卫生环境恶劣等原因，优秀师资很少愿意来本村支教。

四 人力资本落后，自我发展能力低

受历史因素和社会经济发展水平的影响，滇桂黔石漠化区教育水平普遍偏低，适龄儿童入学率低，失学和辍学率仍处于较高水平。农村劳动力中的文盲、半文盲比例仍然较高（见表4-10）。文化水平不高，意味着科技素质低，多数地方耕作方式仍较落后，学习新知识、新

技能的能力差，很多实用的农村新技术得不到推广应用。此外，许多地方的农民受传统思想的影响，安于贫困现状，难以摆脱"生孩子—养羊—娶媳妇—生孩子"的恶性循环的怪圈，自我发展能力十分低下，难以分享现代经济发展的利益。

表4-10　初化村各年龄段接受教育情况

单位：人，%

文化水平 ＼ 年龄段（岁）	[6, 20)	[20, 30)	[30, 40)	[40, 50)	[50, 60)	≥60
文盲	11	6	10	15	9	7
小学	49	25	16	6	4	1
初中	5	1	1	1	1	2
高中	1	1	0	0	0	0
中专	0	2	0	0	0	0
大专及以上	0	1	1	0	0	0
文盲占比	17	17	36	68	64	70

根据样本统计，女孩的辍学率远远高于男孩。在调查样本中，共58人为文盲，其中54人性别为女。在所有的样本中，没有女孩上过中专、大专及以上的学校。这跟当地重男轻女的文化习俗有关。若是家里还有其他男孩，女孩受教育的可能性更低。因为对于家长而言，男孩以后是要承担赡养义务的，在收入一定的情况下，对男孩进行教育投资的收益高于女孩。在统计样本中，所有的适龄未入学女孩的家中都有男孩。但总体来看，随着经济发展和扶贫措施的推广，女孩文盲的比例呈现下降趋势（见表4-11）。

表 4-11　初化村女性各年龄段接受教育情况

单位：人，%

年龄段（岁）　　　文化水平	[6, 20)	[20, 30)	[30, 40)	[40, 50)	[50, 60)	≥60
文盲	10	6	10	13	8	7
小学	22	7	2	0	1	0
初中	2	0	0	0	0	0
高中	1	0	0	0	0	0
中专	0	0	0	0	0	0
大专及以上	0	0	0	0	0	0
文盲占比	14	46	83	100	89	100

在 39 户调查样本中，8 户有适龄入学人员辍学，辍学人数为 10 人，其中 8 人是女孩。在这 8 户中，2 户父亲或母亲死亡，5 户父母双方或单方身体不好，3 户孩子太多。综上，适龄入学人员辍学的原因是父母得病或外出打工，需要劳动力来照顾弟妹。

除了教育水平低、不重视教育以外，初化村贫困农户还面临健康状况不佳的问题。在调查样本中，28.2% 的调查对象患有长期慢性病。家中身体不健康的人数总数为 40人。家中不健康人数少于 1 人的有 12 户，占比 33.3%；家中身体不健康人数为 1 人的占比 35.9%；家里患病人数 2人及以上的占比 30.8%。若家中的主要劳动力患病，则会严重影响家庭生计，进一步加重贫困家庭的脆弱性，导致因病返贫或因病致贫。

在调查的 205 人中，有 191 人参加了新农合。百色市新农合以住院统筹为主，对于普通门诊疾病："年度家庭封

顶线为该家庭参合人数 ×200 元。单次门诊费用补偿封顶
限额：县级定点医疗机构为 100 元，乡（镇）级为 70 元，
村级为 30 元。"门诊封顶线低，且必须指定疾病、药品范
围才可报销。在调查样本点中，报销后，人均门诊自费 477
元。住院治疗即使报销，也需自费较多。因此，当地不少
村民即使参加了新农合，生病时也会选择不治疗或自行买
中草药治疗。新农合对他们而言，是最后的保障："哪天实
在受不了了，再靠新农合去看病。"在调查样本中，参加
新农合并患病的人为 33 人。在这 33 人中，有 7 位患者选
择无医治，其中 1 位胃病，1 位肠周炎，1 位哮喘，4 位残
疾；有 8 位患者选择自行买药，其中 2 位胃病，2 位风湿
类风湿，1 位眼疾，1 位胸口痛，1 位残疾，1 位肺结核。
在调查样本中有 1 人，得了肾结石，去看门诊，总共花费
174 元，报销 156 元，自费 18 元，可其后来觉得若是继续
治疗，就会花费更多，因此最终还是选择自己买中草药治
疗。表 4-12 为样本农户参加新农合与疾病治疗情况。

表 4-12　初化村样本农户参加新农合与疾病治疗情况

单位：人

是否参加新农合	无医治	自行买药	门诊	住院	急诊	其他
没参加	1	2	0	0	0	0
参加	7	8	13	6	0	1

五　产业结构单一，缺乏支柱产业支撑

　　由于受政治、经济、社会、自然、地理等因素的影

响，滇桂黔石漠化区在新中国成立前，近代工业基本为空白，在新中国成立后到改革开放时期，才陆续建立了近现代工业企业，但数量少、规模有限、效益低下，工业基础十分薄弱。第一产业比重过大，现代农业发展滞后。支撑农村经济仍然以传统种植业和养殖业为主，工业化农产品加工业、制造业等产业在农村经济中基本上为空白，农村经济收入渠道单一，再加上交通不变、物流不畅，即使山区有较为丰富的资源，也难以转化为商品，这在很大程度上制约了经济社会的发展，使得扶贫工作推进十分艰难。

六　地方财政困难，扶贫难度大

绝大多数贫困县的人员工资、办公经费等得不到保障，只有靠中央财政转移支付才能维持全县的正常运转，根本无财力投入项目开发和基础设施、社会事业等建设。各县扶贫工作所需的资金基本靠国家和省财政投入，贫困面积大、贫困人口多、贫困程度深，国家和省财政投入的扶贫资金远不能满足其实际需要。2016 年凌云县全县财政收入仅为 2.28 亿元，仅占 GDP 的 7.4%，城镇居民人均可支配收入 24676 元，农村居民人均可支配收入 7443 元。2016 年全县贫困发生率约为 22%，最严重的村为后龙村，贫困发生率为 83.6%。凌云县的各项经济指标在百色市中均排名靠后。

凌云县在资金管理和使用上，往往缺乏有效经验，使得扶贫资金使用率较低，难以激发农村的内部活力，扶贫工作显得异常艰难。

七 生育观念落后

费孝通在《江村经济》中提到人口控制："按照当地的习惯，孩子长大后就要分家产。有限的土地如果一分为二，就意味着两个儿子都要贫困。通常的办法是溺婴或流产。"可是在初化村，村民尚未呈现控制人口的趋势，这从各户生育孩子的数量上即可看出。尽管当地村民已经意识到人口急剧增长导致户均土地急剧减少，而稀少的土地正是他们所认为的导致贫困的原因，但是大多数当地人仍未有控制生育的意识。初化村原来因为未严格执行计划生育，土地资源稀缺，所以村民仅靠农业收入无法维持生计。同时，该村自然资源环境恶劣，很难开垦出新的荒地。因此现在村民所拥有的土地的来源主要是继承上一辈人的土地。儿子数量的增加带来土地的进一步碎片化与人均土地的减少。如调查的其中一户，其父辈本有水田1.5亩、旱地2.5亩、林地5亩，还算够用。因未实行计划生育，生了5个儿子。父亲过世后，地被5个儿子均分，每个儿子仅分得水田0.3亩、旱地0.5亩、林地1亩。

初化村未控制生育的原因如下。一是重男轻女的文化传统，让该地村民一定要生出一个男孩。二是该自然村形成的历史很短，仅有100多年时间，到现在也只是第4代或第5代人。据当地人所述，一开始迁来的人较少，户均土地较多。因此，当时的人地矛盾问题尚不突出，充足的土地给予人们生育的激励。再加上村庄位于深山，需要足够多的劳动力来抵御野兽等未知风险，因此，当时的人们生育激励较强。三是非农收入弥补了收入缺口，虽然当地人口数量已超出土地的负荷，但外部经济快速增长，使得当地村民除农业收入外，还可通过务工获取额外收入。额外收入的补充，使得当地居民不至于沦落到极端贫困的境地。四是当地村民生育的成本低。妇女生育和照顾小孩的机会成本很小，不需考虑因为生育和照顾小孩占用较多时间对其事业造成影响。对于孩子成长所需的花费，一般只有食物及教育花费，教育的花费也因为九年义务教育的普及而大幅度减少。五是村民的养儿防老意识仍然较强。因为缺乏足够的养老保障，村民仍寄托于年老以后由儿子养老。尽管多生可能导致贫困，但为了避免某个子女不孝或因意外死去而导致自身年老以后生活无托，村民还是倾向于多生育子女以分散风险。

在初化村 37 户调查样本中，户主为男性且已过合适生育年龄 [①] 的有 21 户。在这 21 户中，4 户有 1 个孩子，占总人数的 19%；7 户有 2 个孩子，占总人数的 33%；4 户有 3 个孩子，占总人数的 19%；5 户有 4 个孩子，占总人数的 24%；1 户有 5 个孩子，占总人数的 5%。综上，平均每户有 2.61 个孩子。[②]

初化村村民的生育观念导致其子女数量多、家庭抚养比高、同时教育压力大，尤其是贫困家庭子女众多但受教育水平较低，只能延续父辈的传统生活方式，难以从代际上打破贫困的恶性循环。

第五章

初化村脱贫攻坚基本情况及成效

初化村 2016 年正式开始建档立卡，2017 年建档立卡贫困户 211 户 929 人，贫困发生率 50.84%，贫困边缘户 62 户（33 户 2014 年脱贫 +29 户 2015 年脱贫）。初化村计划 2018 年实现脱贫摘帽，2016 年已脱贫 72 户，贫困发生率下降到 34.5%；2017 年脱贫目标为 90 户。2015 年全村人均纯收入 3589 元，2016 年贫困户人均收入 2280 元。

贫困户精准识别采取入户识别打分制，由县里及后援单位的工作人员入户打分，将 67 分以下的农户列入建档立卡贫困户，67~70 分的列入 2015 年退出户，70~75 分的列为 2014 年退出户，75 分以上的就是已脱贫的非贫困户。按照贫困户"八有一超"的脱贫指标标准，初化村目前有 6 项基本达标，包括有收入来源、有基本医疗保障、有路通村屯、有义务教育保障、有电用、有饮用水喝和有电视看。此外，初化村住房保障、年人均纯收入仍有部分未达标。

初化村目前开展了产业扶贫、教育扶贫、医疗扶贫、基础设施建设、危房改造及异地搬迁、最低生活保障、金融扶贫、劳务输出等工作，并取得了初步成效。

第一节　产业扶贫政策

一　做法

初化村在第一书记的带领下，自 2013 年起，开始调整产业结构。2013 年，全村种植猫豆、甘蔗、金银花、扶芳藤以及经济林木等近 3000 亩，产值可达 300 万元。个别农户通过猪、羊养殖，收入可达到每年 10 多万元。

2015 年，初化村通过引进三批商家到初化村参与扶贫建设，分别成立了凌云县大富江农民专业合作社、凌云县富山农业有限公司、凌云县瑞山农牧有限公司，发展了初化土鸡、黑土猪、罗氏沼虾、习鱼名贵鱼种、甜蜜大青枣等特色品种，并邀请广西水产科学研究院、广西畜牧研究所、广西水牛研究所、广西大学农学院、广西水产引育种中心等的专家前来指导村民发展特色种养。目前，初化村合作社和富山、瑞山两家公司已进入生产建设阶段，已种植大青枣 600 亩，养殖黑土猪 110 头、土鸡 1 万多只。

自 2016 年起，初化村开始实施以以奖代补、农业保费减免为主的产业扶贫政策。该产业扶贫政策作为"五个一批"扶贫政策的首项政策，因其在理论上可利用农户劳动力，提高政策实施效率，且为当地发展经济增长点，促进当地经济长远发展，因此被大力推行。因为农村主要以第一产业为主，因此现有的产业扶贫措施也主要以第一产业为主。初化村的产业扶贫措施，主要体现在以奖代补政策以及农业保险保费优惠政策上。其中，以奖代补政策是指以先建后补、以奖代补的方式，对建档立卡贫困户进行产业扶持，奖补项目包括猪、羊等养殖项目以及大青枣等种植项目，奖补资金每户补助标准为最高不超过 3500 元，且两年内只能享受一次补助；在农业保费减免方面，建档立卡贫困户可免交政策性农业保险保费，其免交的保费由自治区财政承担。

二 成效

在农户个人养殖方面，盈利与亏损并存。产业扶贫中以奖代补的项目较多，但因当地养殖传统以及自然资源环境的影响，当地村民养殖以山羊、猪、牛为主。其中，每头羊政府补贴 200 元，3500 元封顶；每头猪政府补贴 200 元，3500 元封顶；每头牛政府补贴 200 元，3500 元封顶。在产业政策的激励下，村民养殖规模有所扩大，以养羊为例，当地产业扶贫政策在实施前，村民养殖规模大约为 500 只 / 年，现已扩张至 1000 多只 / 年。对于养殖主要用于自身消费的农户，除实现自身消费外，还可获得资金补贴，因此，养殖较之前能获得更多收益；对于养殖主要用于市场售卖的农户，因养殖的市场风险及技术风险极大，且当地自然环境并不适合大规模养羊，因此，到目前为止，村里养殖规模大的农户较少盈利，多为亏损。

在农户经济作物种植方面，略有亏损。在村第一书记的宣传和示范下，当地农户也开始种植大青枣，但同样因为灌溉用水不足，果实大小无法达到商品售卖标准，因此农户种植大青枣收入为 0 元，减去种子及化肥农药等支出后，农户处于净亏损状况。

在劳动力输出扶贫方面，有一定成效。合作社现已吸引 4 位农户加入，收入可达到 26000 元 /（人·年）。其中，农户作为务工者，每月工资 2000 元；农户作为合作社成员，2016 年每人分红 2000 多元。这在较小的范围内解决了贫困户就业的问题。

在合作社盈利方面，养殖土鸡略有盈利，养殖土猪、种植大青枣暂时处于亏损状态，具体分析如下。一是土鸡养殖方面。2016 年，合作社养殖土鸡 2000 只，养殖方式为散养，饲料为碾碎的稻谷壳，大概 1 年多才能养成。在追求食品绿色安全的市场趋势下，截至 2017 年 8 月，土鸡已全部卖出，卖出价格为 25 元 / 斤，销售人群为本村农户，最后稍有盈利。在未来，若能进一步扩展销路，即售卖至城镇，价格能达到 30 元 / 斤，可进一步获取盈利。二是土猪养殖方面。2016 年，合作社养殖土猪 110 头，饲养成本为 300 元 / 天。养殖土猪时间长达一年半，但因未扩展销路，至今卖出数量为 0。在养殖的土猪中，重量最大的为 700 斤，因为体型太大，不利于商家售卖，因此销路堪忧，盈利前景不容乐观。三是大青枣种植方面。由村第一书记组织租地 600 亩用于种植大青枣，土地租金为 660 元 /（亩·年）。由于缺水，所以产量不高。再加上无人打理，果实即使成熟也无人采摘，因此第一年收入为 0。现村第一书记计划借助财政拨款，引水至大青枣种植地，让大青枣得以灌溉，并雇用当地居民打理。但第一书记 2017 年底将离任，这项工程在其离任前能否完成尚未可知。

在合作社前景方面，村第一书记离任后，合作社前景不明。2017 年底，该村第一书记将不再任职，返回原来单位。因为合作社的资金来源是财政拨款，因此无法转卖给个人。现商议将其作为村集体资产，由农户自行管理。当前尚未形成一个良好的管理制度，也未明晰如何给管理者支付酬劳。在这种情况下，稍有才干的农户不会得到太大的激励来管理运营合作社。即使原来在合作社工作的人员，也表示会外出务工，不会继续在合作社工作。在这种情况下，若是能形成一个良好的管理和收入分配制度，因绿色养殖的市场需求较大以及价格较高，合作社的盈利前景就会比较乐观。

综上所述，当地在产业扶贫政策上实现了很多有利的探索，并在一些方面取得了较好的成效，比如土鸡养殖、较小规模的山羊养殖。但因当地地理资源条件限制，仍有一些方面需要完善。比如，可对养殖户进行养殖方面的培训，并帮助其扩展市场，使其盈利水平提升；需对合作社制定一个合理的管理和收入分配制度，以确保其长久良好地运行。

第二节　教育

一　做法

目前，初化村在教育方面的措施有以下几项。第一，为实现教育资源的规模效应，凌云县将各村镇的小学、初中进行重组。目前，位于村部所在地的初化小学，只能提供 1~4 年级的学生教学，5~6 年级的学生教学由位于乡部所在地的伶站瑶族乡中心小学提供，初中教学由位于乡部所在地的伶站瑶族乡初级中学提供。第二，改善教职工薪资待遇。以前教师待遇较差，现已得到显著改善。根据当地农户描述，10 年前，教师工资仅为 500 元 / 月，比外出务工的人员工资低。现在已逐步改善，校长的工资能达到 1 万元 / 月，普通老师也能达到 7000~8000 元 / 月，扣除五险一金，可支配收入大约为 5000 元 / 月。第三，学费减免以及营养补助。目前，九年义务教育学费全免，除此之外，对贫困大学生和参加中、高等职业学历教育的贫困人口，也给予资金补助。除学费减免外，凌云县也实施农村义务教育学生营养改善计划："2013 年秋季学期开始，全县所有实施农村义务教育学生营养改善计划的学校都按规定为学生提供完整的午餐。"因此，学生入学费用大大减少。第四，教学设施改善。现学校已修成 4 层教学楼、2 层宿舍楼及食堂，并配置新的桌椅，有篮球场、乒乓球台等基础体育设施（见图 5-1）。初化村的教学设施相较之前，有很大改善。

二　成效

在优秀师资引进方面，收入的提高增加了优秀师资引进的正向激励。目前，虽然在初化村小学任职的只有 4 位教师，均为本地人，没有大学及以上学历，但随着高工资待遇这一信息的传递，可在一定程度上吸引本地高学历人才回村任职。

在入学费用方面，经过学费减免以及营养补助两项政策的实施，初化村小学 1~4 年级学生入学，除基本的零花钱外，已不需缴纳其他费用。根据调查样本点得知，1~4

图5-1 初化村学校设施改善

（刘亚辉拍摄，2017年11月）

年级的小学生每年的花费均值为256元，最小值为60元，最大值为420元（见表5-1）。入学费用的减免，为家长支持孩子入学提供了正向激励。这从各年龄段的文盲的占比可以看出。经济压力减轻后，家长的观念也慢慢在转变，有的农民说，"让孩子多读些书，不为多赚些钱，以后聪明点，不让别人欺负就好了"。

表5-1 初化村小学1~4年级学生教育费用

单位：元

均值	最小值	最大值
256	60	420

在义务教育升学率方面，现接受基本高等教育的村民的数量也在逐渐增加。以前，基本没有大学生、大专生，但近年来，已经有几个学生被大学、大专学校录取。目前，初化村为贫困大学生提供资金补助，对其完成学业产

生正向激励，有助于提高其人力资本，扩宽其就业岗位，从而为其增收提供更多渠道。

在专业技能培训方面，初化村虽有补贴，但因操作过程中存在问题，导致成效颇低。例如，若是成年贫困人口想学习专业技能如开车等，雨露计划也会给予补贴，但在政策实际运营过程中，还存在部分问题。以汽车驾驶为例，汽车驾驶属于 A 类短期技能培训工种，是采取以奖代补的方式。考取准入类职业资格证的每人一次性奖励 800元，A 类工种每人一次性奖励 1000 元。因此，若是能考取汽车驾驶证，则能获得 1800 元的奖励。但据农户所说，雨露计划是指定学校的，在指定学校内学习汽车驾驶，比其他非指定学校要贵 2000 元。比如，普通驾校学习只需 3000 元，而雨露计划指定的驾校学习要 5000 元，奖励 1800 元后，仍需花费 3200 元。因此，对参加短期技能培训的贫困户而言，参加雨露计划所需花费甚至比未参加还要多。

教育是提高农户人力资本，使其靠自身就能脱离贫困的最好手段之一。目前，在教育方面，九年义务教育已经普及，不仅学杂费全免，而且还提供营养膳食，使孩子上学所需费用大大减少，对其上学产生正向激励。若是孩子学习成绩优异，能接受高等教育，则找到更好工作的可能性将大幅度提高，有助于其获得更高收入。即使孩子学习成绩一般，只要完成九年义务教育，使其具备基本学习的能力，以后学习专业技能，也将比无技术的劳动力获得更高的收入。但需注意的是，初化村地广人稀，在相同服务人口数量的前提下，教育服务建设因规模效应差，需比城镇付出更多的成本。

第三节　医疗

一　做法

政府在提高贫困户健康方面的努力，主要有两方面：一是建立村卫生室，方便村民就近就医；二是设立医疗保障制度，提高医疗保障标准。制度设计包括新型农村合作医疗制度、城乡居民大病保险政策、新型农村合作医疗住院大病救助制度。

（1）新型农村合作医疗制度。2016年个人缴费标准为120元/（人·年）。门诊统筹报销家庭封顶线为：该家庭参合人数×200元。乡镇、县、市级及以上定点医疗机构住院补偿比例最高提高到90%、70%、55%~65%，普通住院最高补偿额度调高到12万元，新农合重大疾病补偿最高提高到15万元。

（2）城乡居民大病保险政策。在城乡居民大病保险政策（广西凌云县人民政府，2016）中，2016年的大病保险起付线为5800元，补偿比例分段递增：起付线以上0~2

万元报销 50%；2 万~4 万元报销 60%；4 万~6 万元报销 70%；6 万元以上报销 80%。报销额度无上限。

（3）新型农村合作医疗大病救助制度。在新农合住院大病救助制度中，可补偿的医药费用超过 1 万元的，可申请大病救助报销，补偿标准如下：可补偿的住院医药费用达 1 万~4 万元的，按 80% 给予补偿；可补偿的住院医药费用超过 4 万元的，按 85% 给予补偿。但年内一般住院报销和大病救助报销金额两项合计最高不得超过年度住院报销的封顶线 20 万元。

二 成效

农村卫生室虽基础设施已修建完好，但因未招聘到从业人员，因此成效还有待验证。

医疗保障制度提高了农户的医疗服务利用率。在调查的 205 人中，有 191 人参加了新农合，参合率达到 93%。在调查样本点中，患病者参加新农合人数为 33 人。其中，17 人在接受门诊或住院治疗时，得到新农合报销，占总患病者比重达 52%。其中，得到门诊报销的有 11 人，住院报销的有 4 人，住院及门诊报销的有 2 人。

由于有了医疗保障制度，农民在看病就医时可以得到报销，也就减轻了他们的看病负担，从而有助于缓解因病致贫和因病返贫问题。2016 年，平均门诊报销额为 347 元，最低为 20 元，最高为 850 元，平均报销比例为 64%（见表 5-2）；平均住院报销额为 3875

元，最低为 1500 元，最高为 9000 元，平均报销比例为 49%（见表 5-3）。

表 5-2　2016 年初化村门诊报销情况

单位：元，%

平均报销额	最低报销额	最高报销额	平均报销比例
347	20	850	64

表 5-3　2016 年初化村住院报销情况

单位：元，%

平均报销额	最低报销额	最高报销额	平均报销比例
3875	1500	9000	49

调研发现，医疗服务对农户健康水平，甚至人力资本的维持和提高有很大帮助。目前，由于收入限制，该地农户选择门诊及住院治疗的不多，较多的农户选择不医治以及自行买中草药医治，这将对其人力资本产生较大损害。今后若能利用卫生室普及健康知识，减小农户患病的可能性，则农户医疗费用方面的支出将大大减少，且对其人力资本的损害将减少，使其能继续务工增加收入，以脱离贫困。但需注意的是，初化村地广人稀，在相同服务人口数量的前提下，医疗服务建设因规模效应差，需比城镇付出更多的成本。

第四节　基础设施建设

一　做法

"要想富，先修路。"初化村四面环山，村民出行只能走山间小道，交通极为不便。现精准扶贫项目注重道路建设，2016 年底，初化村已完成屯级道路建设 2 条，乡级道路建设 1 条，共建成村屯内道路 9.3 公里。现各自然村之间、村镇之间的道路均为水泥路，并已基本实现 20 户以上自然村（屯）通水泥硬化路。虽然部分地区入户路尚未被改造成水泥路，但是已经大大改善了该村的交通条件。这在很大程度上减轻了农户外出务工、上学的交通成本，促进了村里和外部经济环境的往来。

初化村在饮水方面的举措主要有两项：补助修建储水用水柜以及推行饮水安全工程。具体如下。第一，村民修建储水用水柜，每户可获得 3 万元补助。水柜主要是砖混结构，通过储存雨水，满足村民基本用水需求。第二，凌云县正在推广饮水安全工程，据悉其初步设计已经完成。

初化村其他方面的基础设施建设包括电力、电视信号、通信讯号、垃圾池等。

二 成效

　　该村的道路有了极大的改善。初化村通过大力建设道路等基础设施，极大地改善了当地的交通条件，使得该地与外界经济往来的阻碍大大减小，从而使外界的经济增长能更好地带动当地的经济增长，减少当地与非深山地区的经济差距。道路等基础设施建设，能有效帮助农户脱贫，但村庄人口密集度低，规模效应差，因此其道路建设相对城镇需付出更多的成本。

　　水柜以及饮水安全工程的推广，解决了农户基本生产生活用水需求，并将进一步改善农户用水质量。具体成效如下。第一，水柜的建设满足了农户的基本用水需求，减少了其去水源地取水的交通成本和时间成本。在无水柜前，因部分自然村距离水源较远，若从水源处取水，交通成本与时间成本较大。根据调查得知，初化村弄道屯的村民若是去水源处取水，骑摩托车来回得花费油费大约15元钱，历时一个多小时。水柜的建设减少了村民去水源地取水的次数，从而减少了其在取水方面的交通成本和时间成本。第二，饮水安全工程的推进除了解决了村民的基本用水需求外，还可提高村民用水质量，预防胃肠等疾病的出现。水柜虽可暂时解决村民基本用水需求，但水柜中的水储存时间长，未经过过滤消毒，饮水安全仍难以得到保障。若饮水安全工程能顺利推广，村民生产生活用水质量将得到显著改善。根据调查发现，初化村村民不经过煮沸就直接饮用水窖中的水，这可能是当地胃肠疾病多发的原因。在未来，若是饮水安全工程能够在该村实施，那么在一定程度上可预防胃肠等方面的疾病，有效提高当地农户的健康水平，进而提高其人力资本，提高村民收入增加的可能性。

除道路及用水方面的基础设施建设外，其他方面基础设施的建设也产生了极大的成效。具体成效如下。第一，电力的接入。通过电器设备的购置，极大地方便了初化村民的生产生活。在家庭耐用消费品拥有量方面，调查样本共39户，其中38户有手机，30户有电视，28户有电冰箱，12户有洗衣机，19户有摩托车或电动自行车（三轮车，见表5-4）。第二，电视网络的接入。在调查的39户样本中，30户有电视，且电视网络基本覆盖。电视信号的接入，为村民接触外部世界提供了一个中介。电视的基本语言为普通话，观看电视节目，对村民的普通话学习有较大帮助，也方便其外出务工或上学时与他人交流。第三，手机信号的接入。手机信号的接入极大地方便了信息的传递。村民即使外出务工，也能掌握家庭动态，为其外出务工提供了心理保障。此外，这也方便了村民之间务工信息的传递。在39户调查样本中，38户有手机。第四，在垃圾处理方面，各个自然村均有垃圾池，但因为村庄地处深山，专门进来收垃圾的成本较大，而收垃圾带来的经济收益、环保的预期收益较低，因此不会有人来收垃圾。处置垃圾池内垃圾的办法是烧毁。这样做虽然会污染空气，但相对成本收益比最低。建了垃圾池后，村里的卫生环境保持较好。在生活垃圾处理方面，根据调查样本得知，24 户选择送到垃圾池，占比 65%，12 户选择选择定点堆放，占比 32%，仅 1 户为随意丢弃，占比 2.7%。村民家里大多收拾得较整洁，地上较少有垃圾。

表 5-4 初化村家庭耐用消费品拥有量

单位：户

手机	电视	电冰箱	洗衣机	摩托车 / 电动自行车（三轮车）
38	30	28	12	19

说明：总样本量为 39 户。

第五节　危房改造及扶贫搬迁

一　做法

（一）危房改造政策

目前基本补助标准为 26500 元。其中，中央和自治区本级户均补助标准为 23000 元；市级配套户均补助标准为 1500 元；县级配套可根据本县财力情况确定，原则上户均补助标准为 2000 元。对列入维修加固的危房，由县级危改部门结合本县（市、区）实际制定分类补助标准，但最高补助标准不宜高出本县拆除重建或新建的农村危房改造户均补助的 50%。

　　原则上改造后的住房建筑面积要在人均 13 平方米以上；五保户的建筑面积控制在 40 平方米以内；3 人以下（含）农户的建筑面积原则上控制在 60 平方米以内；4 人以上（含）农户的人均建筑面积原则上不得超过 18 平方米；无资金自筹能力农户的建筑面积宜控制在 60 平方米以内；纳入农村危房改造维修加固范畴的农户，其建筑面积不受上述限制。

（二）扶贫搬迁政策

　　凌云县自 2016 年开始实施易地扶贫搬迁政策，2017 年在原有政策的基础上进行了改动。下文主要陈述第二次扶贫搬迁政策。

　　在易地扶贫搬迁政策适用对象的认定条件方面，对象仅限于 2016 年建档立卡贫困户且搬迁户人数需大于 3 人。在第一次扶贫搬迁政策出台后，经各级干部动员，全县共发动 3 万贫困人口扶贫搬迁。但 2017 年自治区新下达凌云县"十三五"扶贫搬迁指标，按照 15703 人的指标红线重新核实搬迁人数，将部分 2015 年和 2014 年脱贫户排除出扶贫搬迁对象范围，只保留 2016 年建档立卡贫困户。除此之外，通过调查发现，易地扶贫搬迁政策适用对象在 2016 年的基础上，新增一个条件："搬迁户人数需大于 3人。"原因在于搬迁住房面积一般为两种，即 90 平方米住房以及 120 平方米住房。因人均住房面积有严格限制：人均住房建筑面积不超过 25 平方米，户均住房建筑面积不超过 90 平方米（其中，单人户每户不超过 40 平方米，5 人户以上每户不超过 120 平方米）。因此，为满足政策要求，搬迁户人数需大于 3 人。

参加扶贫搬迁政策需拆除农村旧房。根据《中华人民共和国土地管理法》第六十二条"一户一宅"的规定，第二次扶贫搬迁政策在第一次扶贫搬迁政策的基础上，新增一个条件，即村内住房拆除。村内住房需在迁入新房后的两年之内进行拆除，并在入住搬迁新房后两年左右对旧宅基地进行复垦。易地扶贫搬迁户若拆除村内住房及对旧宅基地进行复垦，每户可获得 2 万元奖励。

搬迁自筹金额为 0.25 万元 / 人。因为第一次搬迁政策中的"建档立卡搬迁户自筹标准明显偏高，建档立卡搬迁户普遍存在举债建房的情况"，因此，第二次扶贫搬迁政策中的补助金额相较第一次扶贫搬迁政策大幅度增加。根据《凌云县易地扶贫搬迁新政策解答》，"每人自筹资金为 0.25 万元，即符合搬迁政策的搬迁贫困户人均自筹 0.25 万元即可入住，比如，家庭人口 5 人，只需缴纳 5 人 × 0.25 万元 =1.25 万元，即可入住"。

二 成效

在生活设施方面，总体而言，精准扶贫政策对村民的生活设施改善有正向作用。跟生活设施直接相关的政策有两项：危房改造工程以及扶贫搬迁政策。危房改造工程直接改善了农户的居住水平，使其房屋状况维持在一个不危及人畜安全的水平上。在扶贫搬迁政策中，村民若是搬迁，搬迁房选择有 2 种，即 90 平方米住房以及 120 平方米住房，较之村内现有住房面积更大。搬迁后的基本生活设施，包括取暖、供水、厕所等，也比村内住房完善很多。因此，若是搬迁至城镇住房，村民将获得更好的居住条件和生活设施。

除生活设施方面的改善外，扶贫搬迁政策还有以下几方面的改善。

一是有利于村民享有更好的基础设施及公共服务，包括医疗、教育、通信等方面的服务。第一，享有更便捷的医疗服务。目前，村内的卫生室虽已修好，但尚未招聘到工作人员。农户若是想接受医疗服务，就只能去乡镇或县城。因此，若搬迁至乡镇或县城，农户获得医疗服务的交通、时间成本将大大降低。第二，有利于下一代接受更高水平的教育，从而提升其未来获得更高收入的可能性。目前行政村内的小学仅提供一至四年级的教学。教职工仅 4 人，全为本村人。若是搬迁至乡镇或县城，乡镇或县城学校的教育水平更佳，有利于农户下一代接受更好的教育，从而扩大以后的就业选择，增加日后收入提高的可能性。第三，享受更好的通信服务。初化村现虽已全部接通广播电视信号，但未连通网络宽带。现在虽然有手机可方便联络，但手机信号不稳定，部分地区只有移动可用，联通、电信无信号。遇雷、风、雨等天气，通信讯号常常中断。因此相较乡镇或县城，初化村的通信质量方面仍有不足。

二是有利于村民获得更多的务工机会，主要渠道为降低外出务工成本、获取更多的务工信息、节省住宿费用。第一，若搬迁至乡镇或县城，农户外出务工的交通成本、时间成本将大大降低。该村距离县城 44 公里，距离乡所在地 14 公里，因为山路崎岖，即使驾驶小轿车，从县城到村里也得 1 个小时。因此，农户外出务工的交通成本、时间成本是较高的。根据访谈得知，之前的移民搬迁政策在未提及拆除村内住房时，部分贫困户是愿意搬迁的，原因是方便外出务工。第二，获取更多的外出务工机会。若搬迁至乡镇或县城，农户获取务工信息的渠道将被拓宽。在当地存在一个现象：汉族人与壮族人一般在山脚或附近定居，而瑶族人则在山腰或更深处定居。汉、壮族人因定居在山脚，交通条件便利，可以更多地获取外出务工的信息；瑶族距离汉族、壮族聚居区较远，相对封闭，因此当地农户很难从汉族人、壮族人处获得外出务工信息。若搬迁至乡镇或县城，瑶族人将与汉族人、壮族人杂居，则可获得更多的外出务工信息。第三，节省外出务工时的住宿费用。除了获得更多的务工机会外，在访谈中，部分农户谈到其搬迁理由为外出务工时可不住旅馆，节省一些住宿费用。

在扶贫搬迁政策的支持下，初化村农户的搬迁意愿较高。初化村共 415 户农户，其中 2015 年符合搬迁条件的全村建档立卡贫困户共 215 户。在这 215 户中，有 27 户愿意搬迁。这有助于农户获得更好的公共服务设施以及更多的务工机会。

第六节　社保兜底扶贫政策

一　做法

（一）最低生活保障政策

初化村将符合条件的建档立卡贫困家庭全部纳入农村最低生活保障范围，提高农村最低生活保障对象与贫困人口的重合率；将符合条件的农村最低生活保障家庭统筹纳入产业扶持、易地搬迁、生态保护、教育扶持、医疗保障、资产收益以及社会扶贫等政策覆盖范围，逐年提高全县农村最低生活保障标准和补助水平。在 2016 年底前，初化村最低生活保障平均保障标准已达到 3146 元。

（二）金融扶贫

初化村为符合贷款条件的贫困户提供 5 万元以下（含 5 万元）及 3 年期内免抵押、免担保的信用贷款，并支持贫困户带资入股参与农业产业化龙头企业、农民合作社、家庭农场、专业大户等新型农业经营主体经营。贷款的本金由经营主体负责偿还，贴息由财政直接拨到合作金融机构账户上，经营主体对贫困户负赢不负亏，贫困户每年获得的分红不低于入股或委托经营金额的 8%。

二 成效

在收入方面，总体而言，精准扶贫政策对村民的收入增长有正向作用。跟收入直接相关的政策主要有两项：最低生活保障政策以及金融扶贫政策。下文将针对这两项政策对村民收入的影响进行分析。

精准扶贫政策中的最低生活保障政策起到了较好的收入托底作用，若是能实现"两线合一"，那么将解决绝对贫困问题。在调查的39户中，共17户享有最低生活保障。不同户的标准不一，共有以下几类标准：139.8元/（人·月）、136元/（人·月）、130元/（人·月）、115/（人·月）。每户年最低生活保障收入，最低为3120元，最高为14400元，平均为8440元，这显著提高了其家庭年收入。但需要注意的是，最低生活保障评定尚存在一些问题。如涉及农户收入调查的部分，成本较高，由此可能导致评定周期较长，导致新生人员未被纳入最低生活保障范围，以及已脱贫人员仍在最低生活保障范围内。在调查的样本中，有的家庭全部人口均享有最低生活保障政策，有的家庭只有部分人口享有最低生活保障政策，其中未评上的人数等于新生人口数。还有1户样本，有三个劳动力外出务工，年收入为75000元。该户人口数为7人，人均年收入远高于最低生活保障线标准，但家庭内的全部人口均享受最低生活保障待遇，最低生活保障金收入为9360元/（年·户）（见表5-5）。

表 5-5　初化村最低生活保障标准

单位：元 /（年·户）

最低值	最高值	平均值
3120	14400	8440

金融扶贫政策能保证村里的所有贫困户脱贫。初化村为 96 户农户每户贷款 5 万元，但贷款款项并非为农户使用，而是将这 5 万元贷款入股至凌云县旅游投资公司，从而获得股金分红。贷款的本金由公司负责偿还，贫困户每年获得的分红不低于入股或委托经营金额的 8%，即 4000 元 / 年。据村第一书记说，这项扶贫措施能使村里的所有贫困户脱贫，但这项措施仅能持续 3 年，尚未可知 3 年以后是否会出现脱贫户重新返贫的现象。

初化村得到了较多的财政资金。2016 年财政帮扶项目资金预算为 1838.68 万元，其中已落实到位 1147.68 万元，政策性贷款 550.00 万元，未落实贷款 141.00 万元（见表 5-6）。

表 5-6　2016 年初化村财政帮扶项目资金统计

单位：万元

项目	财政厅补助	上级专项	县级财政	群众自筹	地方政府债券	小计
已落实	556.90	517.00	1.00	6.78	66.00	1147.68
未落实	—	141.00	—	—	—	141.00
政策性贷款	—	—	—	—	—	550.00
合计	556.90	658.00	1.00	6.78	66.00	1838.68

第六章

凌云县初化村精准扶贫中存在的
问题与建议

凌云县 2016 年实现全县 4206 户 18409 人 7 个贫困村脱贫，贫困发生率从 21.9% 降至 13.7%。城镇居民人均可支配收入 24676 元，比上一年增长 6.9%；农村居民人均可支配收入 7443 元，增速为 11.6%。2017 年实现了 9 个贫困村脱贫增收。凌云县虽然取得了一些阶段性成果，但其扶贫攻坚工作中仍然存在一些值得注意的问题。

一　扶贫搬迁政策一致性及部门协调性问题

　　在许多深度贫困地区，致贫的最主要原因往往是恶劣的自然地理环境。这种自然环境导致的贫困往往伴随着水土资源稀缺、生态环境脆弱、产业基础薄弱等问题，并在此基础上导致经济贫困和可行能力贫困。凌云县大多数贫困村位于石漠化山区，土壤资源及水资源稀缺，自然条件恶劣，交通闭塞，移民搬迁是凌云县脱贫的重要手段和最终选择。凌云县也将移民搬迁作为扶贫工作的重点，大力动员贫困户移民搬迁，但搬迁政策多变、搬迁对象将非贫困户排除在外、拆除旧房、无土安置等因素导致政府公信力下降、农民搬迁意愿降低，进而使扶贫搬迁工作推进困难。

（一）扶贫搬迁政策多变，政府公信力下降

从 2014 年至 2017 年，凌云县先后制定三次移民搬迁方案，搬迁政策缺乏连续性和稳定性，导致政府公信力降低。

第一次搬迁政策出台时间是 2014 年。凌云县发改委按照《凌云县关于加快推进扶贫生态移民工程的实施意见（2014-2020 年）》开始推行生态搬迁，规定凡属于生态环境脆弱区的农户均可以参与生态移民搬迁工程。根据摸底统计，在符合条件的生态脆弱区农户中有 7 万余人有搬迁意愿，但此次搬迁政策并未正式施行。

第二次搬迁政策是在 2016 年精准扶贫工作开展后出台的。凌云县在《凌云县关于加快推进扶贫生态移民工程的实施意见（2014-2020 年）》的基础上制定了第二次扶贫搬迁方案，将建档立卡贫困人口纳入扶贫移民搬迁对象范围。具体来说，有三类重点对象可纳入搬迁范围：一类为居住在深山、石山、高寒地带等生态环境差、不具备基本生产发展条件的农户；二类为生态环境脆弱区、2014 年和 2015 年的建档立卡贫困人口；三类为经过精准识别需要与贫困户同步搬迁的其他农户。凌云县优先安排偏远山区道路不通、生存条件恶劣、易发生山体滑坡的一类、二类贫困人口，按照第三类人口搬迁规模不超过 10% 的比例分年度实施。第三类同步搬迁户可以共享公共基础设施等服务，但建构房屋不享受资金补助。对于建档立卡贫困搬迁户，每人补助不低于 2.4 万元，根据安置点房屋指导价格及购房面积来交纳房屋剩余差价。此次搬迁政策规划了县城及各乡镇共计十二个安置点，并保留迁出户的原宅基地、承包地、山林地等产权，经各级干部动员，全县共发动 3 万贫困人口进行扶贫搬迁。

第二次搬迁政策动员结束，安置工作尚未开始，2017年自治区又新下达了凌云县"十三五"扶贫搬迁指标，按照 15703 人的指标红线重新核实搬迁人数，缩减了搬迁对象的数量和范围。此外，搬迁安置点也发生了部分变化，重新规划了 17 个安置点，增加了田阳县及百色市共 3 个安置点，安置点的变化也导致部分贫困户的意愿由原本的愿意搬迁改为放弃搬迁。

（二）部门间政策不协调，搬迁工作推进困难

凌云县的第二次搬迁政策保留了迁出户的原宅基地、承包地、山林地等产权，但根据《中华人民共和国土地管理法》第六十二条"一户一宅"之规定，国土部门 2016年 2 号文《关于用好用活增减挂钩政策积极支持扶贫开发及易地搬迁工作的通知》中的"增减挂钩"的政策规定，以及国家发改委 2016 年 2022 号文《关于印发全国"十三五"易地扶贫搬迁规划的通知》中的相关规定，广

西壮族自治区扶贫开发领导小组下达《关于印发〈广西易地扶贫搬迁工作整改方案〉的通知》（桂扶领发〔2017〕10号），围绕国家有关部门指出自治区易地扶贫搬迁中存在的六个方面的问题，提出整改意见，调整相关政策。第三次扶贫搬迁方案由原来的保留原宅基地改为搬迁后拆除旧房、腾退迁出区宅基地等建设用地、宅基地复垦，这就导致原本愿意搬迁的一部分贫困户放弃搬迁。虽然补助标准提升，每人仅需缴纳 2500 元且无须补差价，但贫困户的搬迁意愿还是大幅度降低。全县有搬迁意愿的农户数量减少至 1.5 万人（减少 50%）。在 A 村 415 户农户中，仅有 50 户（占比12%）农户同意搬迁。在第二次搬迁政策中，B 村对应的安置点位于县城和乡镇所在地，村干部共发动约 200 户贫困户愿意搬迁。而在第三次搬迁政策中，新增了拆除旧房的规定，同时主要安置点新增了邻近的田阳县及百色市，许多贫困户不愿背井离乡，愿意搬迁的人数减少了 53%。

（三）搬迁安置对象将非贫困户排除在外

《凌云县 2016 年度易地扶贫搬迁工程实施方案的通知》规定，"搬迁对象以贫困农户为主"。非贫困户很难享受这项政策。2017 年第三次搬迁方案将部分 2015 年和 2014 年的脱贫户排除出扶贫搬迁对象范围，只保留 2016 年建档立卡贫困户。最终确定搬迁目标为 1.5 万人，占全县贫困人口数量的 1/3。

将非贫困户排除在外的制度安排并不合理。一方面，对于资源稀缺、自然条件恶劣、交通闭塞的石漠化地区来说，其贫困具有普遍性、整体性的特点，无论是贫困户还是非贫困户，均面临着资源和环境的制约，均需通过易地搬迁来解决其可持续生计问题。另一方面，在深度贫困地区，贫困户与非贫困户之间的生计状况、生产结构等方面差异较小，并无明显的分界线。在实际扶贫工作中，对贫困户的筛选是一个动态变化的过程，原本的非贫困户可能会由于疾病、意外事件等变为贫困户。若搬迁对象的选择以某一时点贫困户与非贫困户的划分为原则，就无法保证公平；若没有考虑到贫困户与非贫困户之间的动态变化，就会使搬迁政策在实际操作中遭遇困难。

在深度贫困地区，贫困户与非贫困户之间差异不大，贫困边缘户较多。在产业扶持方面，理论上来说，扶持一般农户更有经济效益。但在公共服务方面，如教育帮扶，不应只针对贫困户，也应该对贫困边缘户实施同样的优惠政策。而目前的扶持政策均向贫困户倾斜，这会造成资源分配不公平。

二 "五个一批"之间的关系

发展产业是脱贫攻坚的重要手段。从中央到地方，各级政府针对贫困地区均制定了产业扶持政策，以政策诱导刺激农民发展生产。中央层面发布的《关于做好财政支农资金支持资产收益扶贫工作的通知》（财农〔2017〕52号）提出，在脱贫攻坚期内，在不改变用途的情况下，各地利用中央及地方各级财政专项扶贫资金和其他涉农资金投入设施农业、养殖、光伏、乡村旅游等项目，具备条件的项目可用于资产收益扶贫。自治区层面出台政策为贫困户提供了产业与就业创业方面的扶持，包括扶贫小额信贷、扶贫产业奖补、农业保险保费补贴、自主创业补贴、公益性岗位扶持、村集体经济发展资金扶持等。2017年凌云县县级财政统筹整合各类涉农资金4.3亿元，用于投资基础设施及产业扶持，针对贫困户产业发展，推出建档立卡贫困户到户产业扶持以奖代补政策，奖补项目包括种植项目、低产改造项目及养殖项目。

在贫困村的脱贫摘帽标准中，"有特色产业"被作为判断一个村庄是否脱贫的首要指标。在《广西壮族自治区贫困村党组织第一书记管理暂行办法》中，"大力发展扶贫产业"也被作为第一书记最主要的工作任务。在绩效考核催促和政府不当干预的情况下，大部分贫困村大力发展产业；部分贫困村盲目发展，没有做好产业规划，不考虑本地自然环境、产业基础和市场销路。初化村水土资源稀缺、生态环境脆弱、交通不便，在发展产业方面有诸多制约因素，为了响应政府发展产业的号召，开始鼓励村民养羊。由于市场价格波动、养殖技术缺乏等，村民养羊普遍亏损。在村集体发展经济作物方面，初化村鼓励农户种植大青枣，但由于缺乏灌溉用水、管理不善，农户没有收成。

课题组认为，"五个一批"并不是扶贫政策的固定组合。扶贫措施应因地制宜，贫困地区需根据自身的发展状况进行政策的选择和重组，而不是同时、同等程度地开展五个方面的扶贫工作。"发展生产脱贫一批"的扶贫理念，应根据地区特色、立足于县域范围，制定产业发展规划，避免政策过度干预导致的运动式开发及贫困村盲目跟风。对于凌云县部分石漠化贫困村庄，脱贫措施应侧重于易地搬迁、生态补偿及教育扶贫等方向，发展产业不应被作为最主要的方式。

三　长远发展趋势与短期规划之间的协同性

良好的政策设计和科学合理的扶贫措施能够在很大程度上减缓自然地理环境的贫困效应。从短期来看，尽管不可能从根本上消除自然地理环境对减缓贫困的制约作用，但加强农村基础设施建设、增加公共产品供给、调整产业结构、发展特色农业、加大对农村劳动力的教育培训力度等，都可以有效缓解该制约作用，对提高农民收入水平、降低农村贫困发生率都有显著的正向影响。通过合理的政策设计，充分利用贫困地区的现有资源，可以在一定程度上减缓贫困。因此，凌云县应该继续加强对公路基础设施建设相对滞后的贫困村的重点建设，从而发挥发达地区对落后地区发展水平的溢出效应，促进当地人口迁移，使劳动力资源得到更好的配置。在不断加强公路基础设施建设的基础上，凌云县投资力度和政策支持应适当偏向农村，加强贫困地区的公路建设，把加强农村公路建设作为实施城镇化战略、启动农村消费市场和加强农业基础地位的重要配套措施，从而缩小城乡收入差距，减少贫困，实现地区经济和谐发展。恶劣的生态环境不仅会影响社会经济的可持续发展，还会对人类的生存环境产生威胁。因此，建设良好的生态环境，有利于提高贫困地区抵御自然灾害的能力，降低贫困发生率及返贫率。对于滇黔桂石漠化贫困地区来说，林业在生态建设中有不可替代的作用，林业生态建设应结合退耕还林（草）、天然林资源保护等林业重点工程，选择杉木、桦树等生长快、防护性能好、抗逆性强、生长稳定的经济生态型树种，进行人工植苗造林，构建效益多样、结构稳定的防护林体系；完善生态效益补偿机制，扩大补偿范围，增加贫困群众的收入渠道，积极鼓励林农在国家法律法规允许的情况下，开展林下经济，提高林地的利用效率，推进林业立体复合式经济的发展；在资源极度匮乏、生态环境极其恶劣、实施就地扶贫十分困难的地方，应推进生态移民，以缓解人与生态、人与土地之间的矛盾。

此外，应当注意贫困地区基础设施建设与村庄长远规划之间的协同性。目前，在部分贫困地区已经有一些好的经验，如凌云县出台相关规定：拟实施整屯搬迁的屯原则上不再安排基础设施和公共服务设施建设项目；20户以下的居民点（自然屯）原则上不再修建通屯公路。但在实际操作中，一方面，由于搬迁规划宣传引导不到位，仍然存在拟搬迁村屯继续修建基础设施、村民新建房屋等问题。如 A 村某屯，一个只有四户人家的居民点，仍然有村民修建新房；少数被列为整屯搬迁范围的屯仍然有多户村民重新修建房屋。另一方面，由于贫困村脱贫考核指标中对基础设施建设的考核要求，部分贫困村仍然要投入大量资金进行基础设施建设。

在西南石漠化深度贫困地区，生存环境恶劣，一方水土难以养育一方人。从长远趋势来看，易地搬迁是其整体脱贫的主要手段。在拟实施搬迁的贫困村或居民点中，当前的基础设施建设应考虑到未来村庄物理形态及其长远发展趋势。对于即将搬迁的自然村屯，应减少或停止对其基础设施的投资。对于短期内无法搬迁的村屯，应考虑乡村振兴长远规划及其公共服务基础设施的使用效率。对于仍然有建房需求的贫困村民，应通过规划宣传，有序引导其适度集中。

从长远发展来看，农民理性有其局限性，需要通过引导宣传，结合区域长远发展规划以及农民合理需求统筹安排。同时，乡村规划不应仅局限在村域范围内，村庄并不适合作为乡村规划的主体，应立足于县域范围统一制定规划方案，充分考虑到规划方案的科学性、前瞻性与全局性。

四　农民需求与政府政策干预之间的平衡

凌云县易地搬迁工作推进困难的主要原因有两个，一是搬迁政策的频繁变动导致农民对政府政策不信任；二是拆旧复垦政策难以被大部分贫困农户接受。由于"一户一宅"以及国土部门"增减挂钩"的政策规定，凌云县最新的扶贫搬迁方案规定：搬迁后拆除旧房、腾退迁出区宅基地等建设用地、宅基地复垦。贫困村农户基于担心失去承包权、害怕搬迁后无法维持生计、故土难离等多种因素而不愿拆除旧房；部分农户由于刚投入大量资金在老村修建新房而缺乏搬迁意愿；一些农户由于家庭人口较多，担心搬迁后孩子分家及老人居住问题无法解决。同时，凌云县大多数贫困村位于石漠化山区，农户住房大多建在石山区，拆旧后的复垦难度大，且零星、简单的复垦土地质量较低、复垦价值低。结合两方面因素，凌云县易地搬迁应坚持因地制宜、目标导向原则。实现易地扶贫搬迁，摆脱区域性、整体性贫困是政策的最终目标，该目标相关工作应结合贫困地区农户的实际需求与承受能力，逐步推进。凌云县可在引导绝大多数贫困农户搬迁至新安置点之后，再逐步开展拆旧复垦工作，以此降低农户的抵触情绪；同时，应充分考虑到搬迁后农户的可持续生计问题，做好安置点产业配套规划。

初化村贫困程度深，脱贫难度大。大部分村屯地处石漠化片区，贫困人口居住地偏远、条件恶劣、生态环境脆弱，发展产业困难，贫困户传统的思想观念、生活方式难以转变，稳定就业增收困难。同时，初化村面临部分群众主动脱贫动力不足、年轻人缺乏就业技能而不愿搬迁、最低生活保障政策及贫困户政策标准太高容易养懒汉等问题。

五 "第一书记"制度的作用与问题

为保证精准扶贫顺利进行，广西壮族自治区特从自治区、市、县三级机关企事业单位选派优秀干部到贫困村担任党组织第一书记。初化村第一书记为本科学历，原在自治区财政厅工作，驻村以来帮助初化村争取扶贫资金，开展扶贫工作，包括：将道路由泥路修成水泥路，大大提高了交通便利程度；修建小学篮球场、乒乓球台，购买羽毛球、乒乓球，为村里学生拉来120双运动鞋的赞助，丰富了学生的课余生活；鼓励村民种植青枣，发展特色经济作物种植；建立合作社，养殖土鸡、土猪，拉动当地村民就业，增加村集体财产；等等。但是，"第一书记"帮扶制度仍有待完善。《广西壮族自治区贫困村党组织第一书记管理暂行办法》规定：选派的第一书记任期两年，必须脱产住村。第一书记要带领村民脱贫致富，大力发展扶贫产业。第一书记在帮助贫困村筹措资金、整合资源、协调工作、落实扶贫措施等方面取得显著成效的同时，也暴露了一些问题。首先，第一书记的选拔缺乏科学性。为吸引优秀干部参与贫困村扶贫工作，《广西壮族自治区贫困村党组织第一书记管理暂行办法》中对于积极报名担任贫困村第一书记的、在下派之前符合干部任用和公务员职级晋升条件的干部，给予晋升定级的奖励。此奖励措施有效地调动了机关干部的积极性，但下派的干部素质参差不齐，部分素质不高、业务能力不强、多年未晋升的干部为晋升定级而报名选拔第一书记，其自身并无带动扶贫的积极性与工作能力，尤其是不具备发展产业的能力，反而造成扶贫资源的错配与浪费。对于第一书记的选拔应避免职称激励下的"逆向选择"问题，在选拔环节设置综合考评标准，选拔真正优秀的干部进行帮扶带动工作。其次，第一书记的选拔范围，应考虑到不同部门之间的资源均衡问题。如财政部、发改委等部门相较其他部门而言，获取财政资金、帮扶项目的能力更强、更加具有便利性，贫困村更愿意得到资源获取能力强的部门的帮扶，同一区域贫困村之间可能会由于帮扶带动部门资源获取的不均衡而造成脱贫成效上的差异。在同一区域内选择同一帮扶部门，有利于贫困村在帮扶成效上进行横向对比、督促，避免资源获取和分配的二次不公问题。

六　边缘贫困问题

精准扶贫、精准脱贫的基础性工作就是贫困户的精准确定。调研发现，实现扶贫对象的精准化非常困难。在贫困户的评定中，家庭收入是最主要的评定指标。但农民人均纯收入很难衡量。城市人口的收入主要是工资性收入，相对容易测量，农民收入的测量则难得多。一方面，农民家庭经营收入往往为实物收入，测量困难。另一方面，目前外出务工收入成为农民收入的最主要来源，乡村干部很难了解农民在外出务工期间的收入情况。在难以以收入为依据确定贫困对象的情况下，很多地方以农民家庭财产或生活条件为评定低保对象的标准。但是，与城市不同，在一个村庄内部，多数农户的家庭财产、消费水平具有相似性。由于农村社区内部农户的经济条件具有透明性，因此，很多地方通过农民民主评议的方式决定贫困户和低保资格。这种方式会造成多数人对少数人权利的剥夺，在农村治理状况很不完善的情况下，这种剥夺产生的可能性更大。从发展的角度来看，随着农村分工分业的发展和城市化的推进，农村熟人社会瓦解在所难免，通过民主评议评定贫困户和低保户的困难也会越来越大。

在目前的扶贫政策措施中，大多数措施只针对贫困户，而将非贫困户排除在外。对于滇桂黔石漠化集中连片贫困地区来说，其贫困面广、贫困程度深，具有整体性、区域性贫困的特点，贫困户与非贫困户之间的生计状况差异较小，"一刀切"式的划分方法导致许多贫困边缘户的产生，这些边缘户与建档立卡贫困户之间的差异极小，面临与建档立卡贫困户同样的生计风险，但都无法获得相应的帮扶。从中央到地方，大量的扶贫资源集中加码甚至超标供给，导致贫困户与非贫困户，尤其是与贫困边缘户之间产生新的贫富差距，由此催生了村民争当贫困户和"等靠要"的思想，从而导致扶贫资源浪费、资源分配不均等问题，影响全面脱贫目标的实现。同时，这种扶贫资源分配不均导致村庄内部矛盾激化，乡村治理风险增加。因此，在下一步的扶贫工作中，需要进一步调整完善贫困瞄准机制，构建动态、及时、全面的贫困人口瞄准机制，同时，扶贫政策应注重公平性，对于区域性、整体性贫困地区的贫困边缘户要给予与建档立卡贫困户相同的帮扶措施。

附　录

《易地扶贫搬迁拆除旧房奖励办法参考方案》

一、方案一

根据自治区易地扶贫搬迁拆除旧房有关规定，为有效推动易地扶贫搬迁拆除旧房工作，在搬迁户退出旧房每户奖励 2 万元的基础上，增加以下奖励。

（一）搬迁户自行拆除旧房的，每户增加奖励 1 万元。

（二）搬迁户在搬迁入住新房后 1 年内（含 1 年）完成拆除旧房的，每户增加奖励 1 万元；超过 1 年以上拆除旧房的，不增加该项奖励。

（三）搬迁户退出旧宅基地自行实施复垦或恢复生态的，每户增加奖励 1 万元。

二、方案二

根据自治区易地扶贫搬迁拆除旧房有关规定，为有效推动易地扶贫搬迁拆除旧房工作，在搬迁户退出旧房每户奖励 2 万元的基础上，增加以下奖励。

（一）搬迁户自行拆除旧房的，每户增加奖励 1 万元。

（二）搬迁户在搬迁入住新房后 1 年内（含 1 年）完成拆除旧房的，每户增加奖励 1 万元；超过 1 年以上拆除旧房的，不增加该项奖励。

三、方案三

根据自治区易地扶贫搬迁拆除旧房有关规定，为有效推动易地扶贫搬迁拆除旧房工作，在搬迁户退出旧房每户奖励 2 万元的基础上，搬迁户在搬迁入住新房后 1 年内（含 1 年）退出旧房的，每户增加奖励 1 万元；超过 1 年以上退出旧房的，不增加该项奖励。

参考文献

安树民、张世秋：《中国西部地区的环境——贫困与产业结构退化》，《预测》2005 年第 1 期。

樊胜根、张林秀、张晓波：《经济增长、地区差距与贫困》，中国农业出版社，2002。

高颖、李善同：《基于 CGE 模型对中国基础设施建设的减贫效应分析》，《数量经济技术经济研究》2006 年第 6 期。

李文：《运用匹配法对农村道路建设减贫效果的评估》，《农业经济问题》2008 年第 8 期。

凌云县人民政府：《关于印发〈凌云县乡村教师支持计划实施方案（2015–2020 年）〉的通知》（凌政发〔2017〕21 号），2007。

凌云县人民政府办公室：《关于印发〈凌云县 2016 年脱贫摘帽贫困村交通基础设施建设实施方案〉的通知》（凌政办发〔2016〕34 号），2016。

凌云县人民政府办公室：《关于印发〈凌云县扶贫小额信贷工作实施方案〉的通知》（凌政办发〔2016〕58 号），2016。

凌云县人民政府办公室：《关于印发〈凌云县建档立卡贫困户到户产业扶持以奖代补实施方案〉的通知》（凌政办发〔2016

85 号），2016。

凌云县人民政府办公室：《关于印发〈凌云县农村最低生活保障制度与扶贫开发政策有效衔接工作实施方案〉的通知》（凌政办发〔2016〕75 号），2016。

凌云县人民政府办公室：《关于印发〈凌云县义务教育学校布局专项规划（2013-2020 年）〉的通知》（凌政办发〔2013〕52 号），2013。

刘生龙、周绍杰：《基础设施的可获得性与中国农村居民收入增长——基于静态和动态非平衡面板的回归结果》，《中国农村经济》2011 年第 1 期。

龙小宁、高翔：《交通基础设施与制造业企业生产率——来自县级高速公路和中国工业企业数据库的证据》，《华中师范大学学报》（人文社会科学版）2014 年第 5 期。

马伟、王亚华、刘生龙：《交通基础设施与中国人口迁移：基于引力模型分析》，《中国软科学》2012 年第 3 期。

曲玮等：《自然地理环境的贫困效应检验——自然地理条件对农村贫困影响的实证分析》，《中国农村经济》2012 年第 2 期。

任晓红、张宗益：《交通基础设施、要素流动与城乡收入差距》，《经济与金融》2013 年第 2 期。

任晓红、张宗益：《交通基础设施与制造业区位选择的空间计量经济学分析》，《经济问题探索》2010 年第 10 期。

盛来运：《中国农村劳动力外出的影响因素分析》，《中国农村观察》2007 年第 3 期。

汪三贵、王彩玲：《交通基础设施的可获得性与贫困村劳动力迁移——来自贫困村农户的证据》，《劳动经济研究》2015

年第 6 期。

王宇新:《基础设施与经济增长关系研究——基于误差修正模型的实证分析》,《发展研究》2013 年第 1 期。

叶昌友、王遐见:《交通基础设施、交通运输业与区域经济增长——基于省域数据的空间面板模型研究》,《产业经济研究》2013 年第 2 期。

后 记

　　滇桂黔石漠化区是我国石漠化最严重的地区，是当前贫困面最广、贫困程度最深、贫困发生率最高的地区。区内生态脆弱、土壤贫瘠、水土流失严重，导致耕地资源奇缺，生态环境和生存环境恶化。精准扶贫政策自实施以来，虽取得了明显成效，但仍然存在一些问题。本课题组选择初化村作为石漠化区的代表，以期通过解剖麻雀的方式来了解滇桂黔石漠化贫困地区村庄的基本状况，贫困状况及其演变、贫困的成因，减贫历程和成效，脱贫发展思路等。

　　本课题组在两次实地调研中，得到了凌云县各级有关部门工作人员的配合与支持，也得到了初化村村干部及村民的热情帮助，特在此感谢初化村第一书记胡清胜、村支书龚光丛、村主任韦绍精、村民韦天来在课题组驻村调研工作中给予的支持和帮助，感谢凌云县扶贫办陈明永主任、孙传政副主任、劳昌春副主任、曹韩贵股长的协调配合和妥善关照，正是有了他们的帮助，课题组才能顺利完成调研工作。

崔红志
2018 年 10 月

图书在版编目（CIP）数据

精准扶贫精准脱贫百村调研. 初化村卷：政策协同
助力石漠化乡村脱贫 / 崔红志，刘亚辉，黄乃鑫著. --
北京：社会科学文献出版社，2018.12
　ISBN 978-7-5201-3775-1

　Ⅰ. ①精… 　Ⅱ. ①崔… 　②刘… ③黄… 　Ⅲ. ①农村 -
扶贫 - 调查报告 - 凌云县　Ⅳ. ① F323.8

中国版本图书馆CIP数据核字（2018）第246006号

·精准扶贫精准脱贫百村调研丛书·

精准扶贫精准脱贫百村调研·初化村卷
　——政策协同助力石漠化乡村脱贫

著　　者 / 崔红志　刘亚辉　黄乃鑫

出 版 人 / 谢寿光
项目统筹 / 邓泳红　陈　颖
责任编辑 / 郑庆寰　朱子晔

出　　版 / 社会科学文献出版社·皮书出版分社（010）59367127
　　　　　　地址：北京市北三环中路甲29号院华龙大厦　邮编：100029
　　　　　　网址：www.ssap.com.cn
发　　行 / 市场营销中心（010）59367081　59367083
印　　装 / 三河市尚艺印装有限公司

规　　格 / 开　本：787mm×1092mm 1/16
　　　　　　印　张：9　字　数：85千字
版　　次 / 2018年12月第1版　2018年12月第1次印刷
书　　号 / ISBN 978-7-5201-3775-1
定　　价 / 59.00元